新时代理想德育课堂的建构

高军丽 / 主编

中国出版集团　现代出版社

图书在版编目(CIP)数据

新时代理想德育课堂的建构 / 高军丽主编. — 北京：
现代出版社，2020.6

ISBN 978-7-5143-8702-5

Ⅰ.①新… Ⅱ.①高… Ⅲ.①德育－课堂教学－教学
研究－高中 Ⅳ.①G631

中国版本图书馆CIP数据核字（2020）第107334号

新时代理想德育课堂的建构

作　　者　高军丽
责任编辑　窦艳秋
出版发行　现代出版社
地　　址　北京市安定门外安华里504号
邮政编码　100011
电　　话　010-64267325 64245264
网　　址　www.1980xd.com
电子邮箱　xiandai@cnpitc.com.cn
印　　制　北京政采印刷服务有限公司
开　　本　710mm×1000mm 1/16
印　　张　15
字　　数　247千
版　　次　2022年6月第1版　　2022年6月第1次印刷
书　　号　ISBN 978-7-5143-8702-5
定　　价　45.00元

编 委 会

序　言
PREFACE

　　德育是学校全部工作的出发点和归宿，当然也是学校课堂的出发点和归宿。而德育课堂是以德育为主题的课堂，尤其值得我们研究。

　　在新时代视野下，德育课堂如何既能与世界文化交流中借鉴，又能与传统文化精髓贯通，还要紧扣时代发展的脉搏、彰显出德育研究的价值，那就只有坚持文化自信，才能在课堂的参与、对话、互动中不迷失自己。

　　在建构主义的视域中，传统德育课堂的主体性、真实性和有效性不足，即以教师为中心，学生被动接受道德认知，缺乏道德体验与质疑判断。所以，以建构主义为平台，重视帮助学生运用经验进行主动探索、积极发现和意义重塑显得尤为重要。

　　高军丽老师主编的《新时代理想德育课堂的建构》正是在文化自信中，把德育课堂的研究思考架构在对新时代背景和建构主义理论的剖析阐释基础上，结合自己与主创团队成员对德育课堂途径、效果的经年探求寻迹，选择了"德育课堂"的选题，在追求德育创新、鼓励思想个性上踏出了一条自己的特色之路，值得品味、研读与推广。

　　首先，本书在出发点上厘清了学科教学与德育课堂的关系。对于学校德育而言，学科教学与德育的关系的认知融合直接影响到新时代德育课堂的成效。学科教学是德育的载体，对德育的发展起着重要作用。德育课堂离不开学科教学，没有学科教学的形态、内容、精神，学校德育就变成无源之水。

　　其次，本书在主题班会的主题规划上，注重挖掘与弘扬优秀传统文化的德育价值。中华民族的优秀传统文化源远流长，积淀着中华民族最深厚的精神追求，已成为中国人的文化基因，也是我们最宝贵的文化软实力。2014年，习近平总书记在纪念孔子诞辰2565周年国际学术研讨会上说："优秀传统文化是一个国家、一个民族传承和发展的根本，如果丢掉了，就割断了精神命脉。"本书在班会主题的活动设计上，深度挖掘与弘扬优秀传统文化中的德育价值，将传统文化的历史渊源、发展脉络、独特创造、价值理念尽力梳理清晰，这种文化自信就是最好的德育课堂效果。

最后，本书的着力点在于坚持创新思维，推动德育课堂的研究发展。本书在主题班会的设计思路、常见误区端倪中体现德育教育的睿智功力；在大量主题活动班会的课堂实录材料中，彰显班主任如何有效运用教育智慧和策略；在"主题班会引入学科知识"的创想中，很好地实现了德育、智育的双促进。

如今，随着经济开放视角的扩大，德育教育已呈多元化发展，很难有统一的标尺，但是紧扣时代发展的脉搏，坚持文化自信与德育价值观的方向，从实践出真知，从挫折得领悟，从借鉴中反省，做到"处其厚，不处其薄；居其实，不居其华"，这就是本书和高军丽及其主创团队体现的境界了。

愿高军丽老师主编的《新时代理想德育课堂的建构》能为学校德育研究者们打开一扇窗。

2019年6月10日

深圳市福田区教科院院长、

特级教师、首批正高级教师

目 录
CONTENTS

下 篇
德育课堂与学科教学的融合

目录

上 篇

新教育背景下主题班会的建构

主题活动班会的提出

主题班会的概念与类型

主题班会是指在班主任的主导下，全体学生共同参与的，为帮助学生成长或解决班级存在的问题，围绕某个主题而实施的班级教育活动。主题班会的一般要求是：主题明确、内容丰富、切合学生需要、班级成员共同参与；具有教育性、知识性、趣味性；会前充分准备，尽可能发挥每名学生的专长、爱好和创造性；形式活泼生动，安排紧凑，气氛和谐；达到提高认识、发展个性、愉悦生活、促进良好班风形成等目的。

班会课究竟有哪些类型？目前众说纷纭，没有统一的分类。人们依据自身关注的角度，详细划分出了很多不同的主题班会的类型。

（1）根据班会主题不同，划分班会类型。班会主题是主题班会的最核心部分。根据班会所选的主题不同，可以划分为：学生共同关心、感兴趣的问题（如学习成绩的提高、考试应对策略与心态调整、生涯规划、志愿填报等）；学生之间认识不足或有分歧的问题（如集体荣辱感、规则意识、团队精神、感恩教育、手机管理、迷恋游戏等）；集体中产生的较重大的问题或突发事件（如打架斗殴、校园欺凌、男女交往过密等）。

（2）根据实施目的不同，将班会划分为任务性班会、事务性班会、德育主题班会、应对性班会。其中，任务性班会包括安全教育、防艾滋教育、禁毒教育、消防教育、灾害防范等；事务性班会包括入学教育、班委选举、班级评优、体育节活动安排等；德育主题班会包括诚信教育、感恩教育、中国传统文化节日教育、爱国主义教育、集体主义教育等；应对性班会包括打架斗殴、校园欺凌、男女交往过密、手机管理、迷恋游戏等。

（3）根据组织形式不同，将班会划分为论理式主题班会、交流式主题班会、文艺型主题班会、竞赛式主题班会、实践性主题班会和模拟式主题班会等。

（4）根据班会主持人不同，划分为嘉宾主持、班主任主持、学生主持等主题班会。

（5）根据班会主体不同，划分为教师主体型、学生主体型、师生共同参与型等主题班会。

（6）根据班会开展周期不同，划分为定期班会和临时班会。

（7）根据班会有无特定的主题，划分为主题班会与班级例会两大类。简单地说，一节课集中讨论与解决一个问题的班会，称为主题班会；一节课讨论与安排很多问题和事务的班会，称为班级例会，类似于公司企业事务性的晨会与暮会。主题班会重在体现教育的功能，班级例会重在解决管理的问题。

其中主题班会，根据课堂中有无学生动手操作的活动，可以划分为以班主任或学生讲述为主的主题教育班会和以学生活动或游戏为主的主题活动班会。主题教育班会主要由班主任主讲，体现"教育为先，指导为重"，但"说教"的色彩较重，形式比较单一，适合在应对紧急情况、开学班会时采用。本书重点介绍的是主题活动班会。

顾名思义，主题活动班会就是要活要动，形式活泼多样，学生心动、行动。这样的班会优点是让学生作为课堂的主体走上讲台，在活动中体验与感悟；不足是备课量大，准备时间长，需要购买必要的道具。但是为了达到德育目标与教育功能，稍有辛苦也值得。这些年，我和我工作室的教师们积累了一些主题活动班会的道具，方便重复利用。有的教师设计了一条龙传话、角色扮演等不需要道具的活动，有的教师开展了叠纸、筷子夹玻璃球等道具经济易取的活动，大大降低了主题活动班会筹备的工作量与财力支出。

对大多数班主任而言，上得最多的可能是班级例会课，即传达学校和年级的各项要求与通知，并总结通报班级一周工作与存在的问题。内容具体包括班级内部一周班风学风的总结（如课堂状态、任课教师的评价、作业完成情况等）、班级德育量化考核的扣分情况、好人好事以及存在的问题。班级例会的形式，除班主任"一言堂"外，往往是主要班干部依次发言，最后班主任进行总结并提出新的要求。虽然在班级例会上进行学校与年级事务的上传下达、总结班级一周情况很重要，但是如果一节课像梳理流水账一样展开，不仅学生兴趣不高，容易出现走神、打盹、交头接耳、偷写作业的现象，而且极易出现事务性内容说完了，还没到下课时间的尴尬场面。

被誉为"中国班会课研究第一人"、德育特级教师丁如许老师认为：既要上好主题班会课，又要上好班级例会课。班级例会也要有教育目标、班级情况、年级特点、学校中心工作、生活偶发事件等。上好班级例会课的两招秘诀是：①解决问题要有效；②做必要的课件，印必需的资料。

（深圳市福田区红岭中学　高军丽）

班级例会与微班会的融合

一直以来，在每周一次的班会课上，我都会有一个主题，并将主题写在班级黑板上，目的是起到一个重点强化的作用。假如遇到学校、年级事务性的工作比较多时，我会先将学校或年级的通知与要求分条目整理在1～3张PPT上。这样既节省时间，又方便学生回头翻看相关通知。剩余时间便用来开展主题班会，解决班级近期出现的问题。一次，班级学生在周一升旗时出现"多人迟到并被通报"的突发事件，我便在当天下午的班会课上召开了"自在与自为之人——谈集体荣辱感"的主题班会。"自在"一词来自近代政治哲学的奠基者霍布斯的人之"自然状态"，即在"自然状态"下，每个人都按照自己的愿望和方式采取一切手段保全自己，更多关注"我"如何生活得舒适，比他人好。"自为"一词来自著名的德国哲学家康德在伦理学方面的观点，一个行为是否符合道德规范并不取决于行为的后果，而是取决于该行为的动机。只有当我们遵守道德法则时，我们才是自由的，因为我们遵守的是我们自己制定的道德准则。如果一个人只是因为自己想做而做，则没有自由可言，因为他会成为各种事务的奴隶。由此切入，告诉学生要有集体荣辱感，即使你有各种理由，也要做有公德心、守纪的"自为"之人，不做影响集体形象的"自在"之人，并呼吁学生要加倍自律与努力，通过积极备战期中考试来为集体争光。虽然这个主题班会只用了25分钟，但是及时解决了学生思想上的错误认识，并巧妙做了考试前的有力动员。

我将这种用时不足一节课的主题班会称为"微班会"，与丁如许老师提出的10分钟左右的微班会有所不同。班级例会与微班会的融合课堂，可以保证在完成学校与年级部署工作的基础上，每周都有一个主题班会，以解决或提升学生的思想认知与品德修养，让班会课更有核心与重点。微班会的主题一般是依据班级急需解决的问题或高中三年主题班会的规划进度来制定。需要注意的是，微班会的主题要尽量小并有针对性，并兼顾课堂可用时间的长短。微班会的时间长短，依据学校与年级部署工作量来确定，在班级内部开展微班会的前提是，不能忽视或削弱学校德育工作的总体部署。

（深圳市福田区红岭中学　高军丽）

新教育与主题活动班会的提出

首次接触"新教育"一词，缘起于中国著名的教育家、心理学家，新教育实验的发起人朱永新教授的诗作——《享受着教育的幸福》：

有一种态度叫享受

有一种感觉叫幸福

学会面带微笑才能享受生活

懂得播种快乐才能收获幸福

那么，亲爱的老师

让我们面带微笑，让孩子的心田充满阳光

让我们播种快乐，让学生的明天更加辉煌

让我们，也把微笑和快乐贮满自己的心房

……

享受着教育幸福，你就多了一股创造的激情

你会把每一堂课精彩地演绎

你会把每一句话精心地锻造

你会把校园变成追求卓越的教育梦工场

……

这首诗犹如一股清泉流入我的心田——润泽、甘甜，这首诗又像一幅田园风光展现在我的眼前，而这风光恰好就是我内心最憧憬的那一份美好。于是，我开始追寻朱永新教授的"新教育"理念，关注其倡导推广的"新教育实验"。

2002年，朱永新教授正式开展了以教师专业发展为基点，以"为了一切的人，为了人的一切"为核心理念，以"五个观点"（让师生与人类崇高精神对话；无限相信学生与教师的潜力；重视精神状态，倡导成功体验；教给学生一生有用的东西；强调个性发展，注重特色教育）为基本思想，以"六大行动"（营造书香校园、师生共写随笔、聆听窗外声音、培养卓越口才、构筑理想课堂、建设数码社区）为具体途径，以"四大改变"（改变教师的行走方式、改变学生的生存状态、改变学校的发展模式、改变教育的科研范式）为主要目标的"新教育实验"。

我惊奇地发现，新教育"五个观点"中的"无限相信学生与教师的潜力""教给学生一生有用的东西"，恰是我的教育座右铭。所以，"新教育"理念在我的潜意识里掀起了强烈共鸣。2016年底，我的"幸福教育"工作室在深圳市福田区红岭教育集团的沃土上，在福田区教育局与教科院的关怀下正式挂牌。

说实话，作为一名多年战斗在高三的班主任，我一直是从学生的切身利益出发，倡导学生们"为自己将来的体面工作与品质生活而努力读书"，并以学生们"像打了鸡血一样的魔性学习"为荣，为学生们最终取得理想的高考成绩而感到无比幸福。在接触"新教育"理念后，逐渐发现我的教育行为与中国基础教育中"理想主义色彩较少、片面追求与现实的适应与协调"的现状高度吻合。因为，我忽略了教育本该是生活的基本方式，学生今天在学校里所接受的教育，在为长远的人生与社会理想服务的同时，其度过的每一天也应该是幸福的。我更多的是关注教育结果，忽略了在教育过程中每名学生的内心感受是否快乐与幸福。同样，教育不是教师尤其是班主任负重前行、委曲求全的谋生方式，教师在陪伴学生成长、成就学生的过程中，也应该"过一种幸福完整的教育生活"，快乐教育，享受幸福。

那么，什么样的课堂是理想课堂呢？

　　新教育在追求理想教育，关注教育幸福的同时，更加关注学生核心素养的培养。希望在完美的环境与幸福快乐的心境下，构建富有活力的、智慧而高效的课堂。一个轻松、愉快的课堂氛围，一定会赋予师生活力与激情，进而专注投入、思维敏捷、课堂高效。

　　而主题活动班会是最能激发师生活力与思维的一种理想德育课堂。因为活动更能聚焦师生的关注度、参与度与积极性。在活动过程中，更容易产生师生之间、生生之间思维与心灵的碰撞；更容易营造轻松、愉快的课堂气氛；更容易看到师生更多自然绽放的笑脸。

　　我与"幸福教育"工作室的全体成员经过两年多的探索与实践，将主题班会尤其是主题班会的设计思路、常见误区、高中三个年级的12篇活动班会的课堂实录呈现给各位读者，同时也把我们的幸福教育理念渗透到众多的教学课堂之中。让学生爱上课堂、爱上学习，使师生在班会课与学科教学课堂上，均能够快乐学习，提升品德修养。

　　　　　　　　　　　　　　　　（深圳市福田区红岭中学　高军丽）

关于主题班会的体验感调查报告

一、主题班会开展效果调查

　　为了真实地了解学生对主题班会的感兴趣程度，学生通过主题班会收获了什么体验以及学生在主题班会开展的过程中是否主动、积极地参与，我们在531名学生中进行了调查研究。调查群体主要来自工作室成员所带的班级，既有初中，又有高中，还有职业院校。

　　此次调查采取的是问卷星调查的方式，学生通过回答问卷星上的调查问卷来参与调查。

二、调查内容

　　问卷调查总共有九大问题，主要了解以下情况：

1.学生对主题班会的感兴趣程度；

2.学生喜欢主题班会课的类型；

3.学生在主题班会课上的参与情况；

4.学生对主题班会的主题与形式的看法；

5.学生对主题班会在学生成长中的影响的看法；

6.学生对主题班会开展频率的认知；

7.学生对主题班会在班级建设中的作用的看法；

8.学生喜爱的主题班会活动形式；

9.学生对主题班会意义的认知。

三、学生问卷分析

第1题：你对主题班会总体_____。（单选题）

选项	小计	比例	
很感兴趣	348		65.54%
有点兴趣	146		27.5%
无所谓	22		4.14%
不感兴趣	15		2.82%
本题有效填写人次	531		

分析：从学生问卷调查中可以看出，93.04%的学生对主题班会感兴趣，65.54%的学生很感兴趣，这说明学生对主题班会的开展是认可的、欢迎的，同时说明主题班会的开展极大地调动了学生的兴趣和热情。

第2题：你喜欢什么样的主题班会课？_____（单选题）

选项	小计	比例	
以班主任或学生讲述为主的主题教育班会课	189		35.59%
以学生游戏、活动为主的主题班会课	342		64.41%
本题有效填写人次	531		

分析：从学生问卷调查中可以看出，64.41%的学生选择了以学生游戏、活

动为主的主题班会课，表明这种新颖的、寓教于乐的班会形式更受学生青睐。

第3题：在主题班会课上，你的参与情况是_____。（单选题）

选项	小计	比例
主动参与	349	65.73%
被动参与	125	23.54%
从来没参与	19	3.58%
无感	38	7.16%
本题有效填写人次	531	

分析：从学生问卷调查中可以看出，65.73%的学生选择了主动参与，这就说明主题班会成功地调动了学生参与的积极性。但是也有23.54%的学生选择被动参与，3.58%的学生选择从来没参与，这就说明在主题班会的设置环节、主题班会的针对性、小组的分工合作等方面出了些小问题，导致部分学生参与活动不够积极主动，教师没能充分激发学生的兴趣和热情。

第4题：对于主题班会的主题与形式，你认为应该是_____。（单选题）

选项	小计	比例
学生自定	50	9.42%
班主任自定	24	4.52%
学生和班主任共同制定	417	78.53%
按照学校的安排	40	7.53%
本题有效填写人次	531	

分析：从学生问卷调查中可以看出，78.53%的学生希望和班主任共同制定主题班会的主题与形式，这充分说明学生的自主意识明显增强，同时也说明班主任在开展主题班会时要充分尊重学生的需要，为发挥学生的主体作用提供可能，鼓励学生积极主动地参与其中，并为学生提供必要的指导和帮助。

第5题：你认为主题班会对你的成长_____。（单选题）

选项	小计	比例
很有意义	357	67.23%
有意义	158	29.76%
没意义	11	2.07%
不知道	5	0.94%
本题有效填写人次	531	

分析：从学生问卷调查中可以看出，约97%的学生认为主题班会对自己的成长有意义，这充分说明主题班会在培养学生的民主意识、锻炼学生的自理自治能力、提高学生对问题的认识能力和自我教育能力方面发挥了积极作用。

第6题：你认为主题班会开展的次数应该是_____。（单选题）

选项	小计	比例
每周一次	258	48.59%
每两周一次	102	19.21%
每月一次	78	14.69%
不定期	93	17.51%
本题有效填写人次	531	

分析：从学生问卷调查中可以看出，48.59%的学生认为主题班会应每周举行一次，19.21%的学生认为应每两周举行一次。这表明学生在参与主题班会时获得了良好的体验，很期待主题班会的开展。

第7题：你认为主题班会对班级建设的作用是_____。（多选题）

选项	小计	比例
增强班级凝聚力	471	88.70%
促进良好班风的形成	440	82.86%
增进同学间的了解	403	75.89%
提高同学综合素质和能力	397	74.76%
增强学生班级归属感和幸福感	417	78.53%

选项	小计	比例
增进舍友间的团结	279	52.54%
本题有效填写人次	531	

分析：从学生问卷调查中可以看出，88.70%的学生认为主题班会能够增强班级凝聚力，82.86%的学生认为主题班会能够促进良好班风的形成，78.53%的学生认为主题班会能够增强学生班级归属感和幸福感。这充分表明主题班会的开展能够让学生意识到一个班级只有每一个成员都充满了责任感，整个班级才能形成强大的凝聚力，才能促进良好班风的形成，才能真正称得上"班集体"，才能让学生有班级归属感。

75.89%的学生认为主题班会能够增进同学间的了解，这表明在主题班会中，同学们通过积极参与，小组团结合作，发现同学身上的一些优良品质，从而促进同学间的友谊。52.54%的学生认为主题班会能够增进舍友间的团结。可以看出，这个数据明显比前面的数据低，主要是因为主题班会的设计针对全班学生，而不是特意为了某个宿舍，而且在活动过程中，同一个宿舍的舍友并没有被分到一组。当然，班主任可以设计一节专门针对增进舍友团结的主题班会。

74.76%的学生认为主题班会能够提高同学综合素质和能力，这是因为主题班会充分发挥了学生的主观能动性，学生们主动参与主题班会设计，在活动中提高表达能力、组织能力、协调能力、自我管理能力、自我完善能力，从而提高个人综合素质。

第8题：你最喜欢的主题班会活动形式是_____。（多选题）

选项	小计	比例
文艺表演	227	42.75%
班主任教育	191	35.97%
同学讨论交流	307	57.82%
小组合作竞赛	295	55.56%
视频欣赏	272	51.22%
辩论赛	212	39.92%

选项	小计	比例
诗歌朗诵	116	▓▓▓▓▓▓　21.85%
游戏活动	318	▓▓▓▓▓▓▓▓▓▓　59.89%
多种形式灵活组合	398	▓▓▓▓▓▓▓▓▓▓▓▓　74.95%
本题有效填写人次	531	

分析： 从学生问卷调查中可以看出，74.95%的学生选择多种形式灵活组合的主题班会形式。这充分表明教师在设计主题班会时，切忌单一、死板，要满足学生求知、增长才干、抒发思想感情、关心时事政治和走向社会等多方面的需要，从而调动其积极性，使他们受到教育和锻炼。总之，应该根据内容的需要，选择多样化的活动形式，以对学生人生观的形成、智慧的启迪、人生道路的选择产生积极影响。

第9题： 对于主题班会，你认为最重要的是_____。（多选题）

选项	小计	比例
有针对性地帮助学生解决实际问题	407	▓▓▓▓▓▓▓▓▓▓▓▓　76.65%
环节紧凑，丰富多彩的活动内容	316	▓▓▓▓▓▓▓▓▓▓　59.51%
形式灵活多样，能够调动同学们的热情和积极性	426	▓▓▓▓▓▓▓▓▓▓▓▓▓　80.23%
能促进班级凝聚力，加强同学团结	421	▓▓▓▓▓▓▓▓▓▓▓▓▓　79.28%
本题有效填写人次	531	

分析： 从学生问卷调查中可以看出，76.65%的学生认为主题班会最重要的是能够有针对性地帮助学生解决实际问题。主题班会必须以解决学生的实际问题为导向，班主任要抓住班级共性的问题，依据学生的年龄、身心特点、思想状况，结合实际，让学生精心选取题材，策划、组织主题班会，达到理想的教育效果。

80.23%的学生选择形式灵活多样，能够调动同学们的热情和积极性。这表明学生期待气氛活跃、形式多样的班会，这样的班会不仅能帮助学生释放和缓解学习的压力，调整心态，而且能够激发学生的积极性和热情。

四、调查整体结果分析

综合分析整个研究调查，我们得出以下结论：

（1）学生十分喜爱和认可以游戏、活动为主的主题活动班会课。因为这种班会课不同于普通的班会课，它的形式更灵活，内容更丰富，空间更宽广。

（2）班主任在设计主题班会时要充分考虑学生的心理需求，依据学生的年龄、身心特点、思想状况，从学生的实际出发，以帮助学生解决问题为导向。

（3）班主任要更多地把班会的主动权交给学生，发挥学生的积极能动性，让学生参与到班会的设计、操作中来，让学生通过活动式主题班会获得更丰富的体验，促进学生人生观、价值观的形成。

（深圳市福田区红岭中学　何晓炼）

主题班会的功能与评价

从功能上看，主题班会最主要的目的是对学生进行思想品德教育，实现德育功能。主题班会的德育功能主要有以下几个方面。

一、导向作用

主题班会要进行思想品德教育，告诉学生应该做什么、不应该做什么，它具有强烈的导向性。通过这种导向，给学生带来一种鞭策，因而它又有激励功能。例如，在主题班会"方法比努力更重要"中，可以利用班级优秀学生的经验交流来推广好的学习方法，用身边同伴的真实事例引导学生在努力的基础上更要讲求方法正确。在"目标决定未来""态度决定高度"等主题班会中，都是通过正面教育引导学生建立正确的人生观。在"爱如满月，心怀家国"的端午节主题班会中，通过对屈原与先烈的缅怀，引导学生不仅要树立爱国情怀，还要将个人的命运与国家的命运紧密相连。导向有正导向和负导向两种，通过主题班会营造良好的班级氛围十分重要。

二、自我教育

教育的最高点是自我教育。教师的最大魅力就是帮助学生形成自我教育的能力。人只有认识自己，才能战胜自己，而人是很难认识自己的。认识自己通常都是依据他人的反馈而实现的，就像人们可以通过照镜子来观察自己，认识自己，发现自己。要提高学生的自我意识，就需要教师的反馈作用。但是，需要注意的是把握好反馈的度，不能总是用一种惩罚和评判的目光来审视学生。

现在，提得比较多的是通过教育的力量，帮助学生牢固树立"三生教育"观，即生命教育、生存教育和生活教育。生命教育是帮助学生认识生命、尊重生命、珍爱生命，促进学生主动、积极、健康地享受生命，提升生命质量，实现生命的意义和价值的教育；生存教育是帮助学生学习生存知识，掌握生存技能，保护生存环境，强化生存意志，把握生存规律，提高生存的适应能力和创造能力，树立正确生存观念的教育；生活教育是帮助学生了解生活常识，树立正确生活观念，确立正确生活目标，养成良好生活习惯，追求个人、家庭、团体、民族和人类幸福生活的教育。

三、增强凝聚力

班级凝聚力是组建良好班集体的向心力。凝聚力可以让班级团结协作，形成良好的班风和学风。凝聚力的形成与班级的每一名学生息息相关，面向全体学生的班会能够很好地发挥增强班级凝聚力的功能。在主题班会的体验或讨论过程中，通过调动学生的情感因素、激发学生的道德情感，可以潜移默化地行使主题班会这一功能。例如，在"团队作战"的主题班会中，学生们在"吹、运气球与合作拼图"的比赛中，自然而然地增强了小组凝聚力，发扬了团结协作的精神。

四、形成良好学风

通过开展主题班会的活动，可以激发学生的成就动机，促使学生全面发展。例如，在"执行力与规则意识"的主题班会中，班主任引领学生书写学习困惑，总结出问题症结是拖延症后，通过制定自己的近远期目标，来提升学习动力、形成班级良好学风。在每次考试后的学习经验分享会上，通过优秀学生的经验介绍，不仅能够宣传好的学习方法，还可以折射出优秀学生勤学好问、虚心踏实的优良品质。在榜样的带动下，班级的学习风气会越来越浓厚。

此外，主题班会最终要形成的是一种良好的班级文化。这种良好的班级文化是真正影响课堂上每一名学生的最重要影响源。因此从宏观的视角分析，主题班会更是建设班级文化的有效途径。

那么，什么样的班会才是一次成功的班会呢？如何对一节班会课进行量化评价呢？

一节真正优秀的班会，一定是主题鲜明、内容新颖、形式活泼，既具有教育意义，又有趣味性，能够引发学生开心笑容的班会。在本书"关于主题班会的体验感调查报告"中，我们发现80.23%的学生喜欢形式灵活多样，能够充分调动同学们的热情和积极性的主题班会。因为这样的班会课不仅能够帮助学生调整心态，释放和缓解学习的压力，而且还能够帮助学生在潜移默化中提升思想认识与品德修养。

围绕主题班会设计的一般流程，设计了如下主题班会量化评价表。

主题班会量化评价表

授课老师：_____　　　班级：_____　　　时间：_____

班会主题			
评价项目	评价内容	分值	得分
班会主题	主题鲜明、贴近学生实际、具有教育意义	20分	
课堂形式	内容新颖、丰富，形式活泼、多样	30分（每项5分）	
	素材新颖、符合学生年龄特征		
	活动设计能提高学生认识，培养学生情操		
	活动设计富有时代气息，有启发性		
	能够发展学生能力，展现学生风采		
	学生活动紧扣主题，无倚重表演的痕迹		
教育过程	课堂各环节的衔接紧凑、流畅	30分（每项6分）	
	能够体现学生主体性、教师主导性原则		
	体现互动性原则，师生之间、生生之间融合性、互动性强，关系融洽		
	体现体验性原则，注重学生的学习、生活的实践体验和内心感悟		
	课堂秩序井然，学生参与度高、无嘻哈谈笑现象		
教育效果	学生紧跟老师节奏，师生情感有共鸣	20分（每项10分）	
	教师主导力强，有主题思想的升华		

（深圳市福田区红岭中学　高军丽）

主题班会的设计流程

一堂受欢迎的高质量主题班会，离不开班主任的精心设计与认真准备。主题班会的设计流程主要包括制定班会主题、确立课堂形式、优化实施过程、升华主题思想四个方面。

一、制定班会主题

首先，班会课的主题要有针对性。能够解决班级学生的思想问题，提升学生的品德修养。班主任可以通过与学生的个别谈话、班干部与任课教师对班级的情况反馈、班务日志的详细阅读等渠道了解本班发展情况、掌握班级动态，做到有的放矢地制定班会主题。一般针对学生思想实际及存在的主要问题，选择那些具有启发性、能够对学生起到潜移默化作用的主题来组织班会活动。例如，为了让高一学生更加适应新学校、新环境，上一节"沟通之桥"的主题班会；为了增强高一新生的班级凝聚力，上一节"团队作战"的主题班会；为了提升学生的学习动力，上一节"精于心，匠于行"的主题班会；为了提升学生的行动力，上一节"执行力与规则意识"的主题班会；为了让高三备考的学生减压，上一节"搭积木比赛"的主题班会；为了增强高三学生的战斗力，上一节"让马达声更响亮"的主题班会；为了引导学生自觉制定学习目标，上一节"目标成就未来"的主题班会等。

其次，班会的主题要小。不必追求高远，以小见大。设计班会主题，尽量从小处着眼，从一个侧面或一个点上反映比较丰富的内涵。例如，从垃圾分类的问题，谈一个人的卫生习惯与环保意识；从作业完成情况，谈学习习惯与责任意识问题；从日常迟到行为，谈一个人的执行力与规划意识；等等。

最后，班会主题要有新意，有较强的时代感。设计的班会主题如果能够反映时代气息，贴近生活，是学生渴望了解的，学生就会感兴趣，班会气氛就会活跃，教育就会有效果。例如，在电影《天才枪手》上映期间，给学生上一节"天才枪手的悲哀"的诚信教育主题班会。

二、确立课堂形式

当设定好一节班会课的主题后，就要思考以什么样的课堂形式呈现会比较吸引学生的注意力，激发学生的兴趣，以顺利达成课堂德育目标。主题班会的课堂形式主要有以下几种。

1. 教师主讲式

这是最传统的班会形式。班主任根据班级情况，就某个主题召开班会，给学生们讲道理、提要求、布置任务。整节班会课以班主任讲解为主，学生互动参与为辅。这种班会课的优点是主题鲜明、效率高，不足是对班主任的语言表达能力、幽默程度的要求较高，学生的兴趣往往不是很大。

就像提倡课堂探究式教学时，不能否认讲授式教学法一样，这种看似陈旧的教师主讲式班会也是必不可少的一种班会形式。尤其是新生入学第一个班会、大型活动前的动员会、放假之前的结业会等，就比较适合采取教师主讲的形式。以新生入学第一个班会为例，学生刚刚入学，师生互不了解，同学互不熟悉，学生对学校也很陌生，班级处于无序状态，此时，需要教师自我介绍、明确班级与学校的纪律要求，让学生们尽快安定下来，使班级进入有序状态，因此有必要使用教师主讲的形式。

需要提醒的是，这种班主任主讲的班会看似简单，开好却不易。首先，它要求班主任充分备课，做到头绪多而不乱，班会才能扎实有效。对于起始年级，班主任在开学之前就要通过学生档案对班级有一个大致了解，规划出班级长远发展的目标。其次，在见面班会上，班主任不仅要把班级、学校的纪律要求讲清楚，还要为避免学生无意识犯错，将学生可能出现的问题提前进行详细介绍。例如，班级最后一节自习课不能迟到早退；年级每周测试不能迟到、提前交卷；离开教室要关灯、锁门；课代表漏收作业时要主动上交；等等。

2. 学生主讲式

学生主讲就是把班会交给学生，由学生主持、讲授。这种形式逐渐被越来越多的班主任所采用，其优点是：形式活泼、气氛热烈，学生的组织能力与语言表达能力得到提升，班主任工作比较轻松；缺点是：班会课的时间、效果，甚至主题方向，不容易掌控。

因此，要想上好这类班会，班主任要在课前对主讲学生的班会设计与观点表述进行把关，发现学生的不合理甚至错误的观点时，要进行及时更正。有一次，我听一节学生干部主持的"学习经验交流"的公开课时，各学科优秀代表像走马灯一样陆续上台介绍经验，整节课无点评、无总结，只有台下学生莫名其妙的窃笑与象征性的稀拉掌声。其中有一名学生讲到上课听懂后就可以写其他学科的作业时，竟然没有一名学生站出来纠正，班主任也站在旁边，一言不发。这种班会是失败的。

但是，不是所有学生主持的班会都是不成功的，也不是学生主讲式班会不可提倡。一次，我让高三班干部主持月考总结班会，班长和团支书一起主持。班长不仅分析了班级存在的问题，而且对同学们说："请大家不要因为这一次考试没有考好，就认为我们没有努力学习，更不能怀疑自己甚至放弃努力，只要我们坚持努力就有希望翻盘。"团支书还到其他班级请来了"学霸"交流经验，该"学霸"手持发言稿讲得非常好，其中有一段话深深地打动了我班的学生："我之所以学习很努力，是因为有一次在食堂，当特优班的同学知道我来自普通班后，就翻着白眼走开了。我认为，虽然我和大家一样是普通班的学生，但是只要我们努力，也会超过特优班的同学。比如我现在年级排第二十六名，就已经超过很多特优班的同学。"在班级学生热烈的掌声中，我对该生做事的认真态度与不服输的精神进行了表扬。这节课的德育效果特别好！我想，假如由我来主持这节班会课，不一定有学生主持得好。

综上所述，学生主讲式班会的主角自然是学生，但是班主任绝不是撒手不管，而是由台前转到了幕后，由演员变成了导演而已。班主任的人可以缺席，但思想不可以缺席。

3. 体验式班会

对于涉世不深、缺乏生活阅历的学生来说，大道理总是显得苍白空洞，枯燥乏味，学生不爱听，也不愿意接受。体验式班会能够解决这个问题。例如，在"生命教育"主题班会中，班主任为了让学生体验母亲孕育的不易，让学生怀揣10斤重的书包，攀登4层楼梯。学生们在气喘吁吁中懂得母亲十月怀胎的艰辛和自己生命的来之不易，从而更加珍惜生命、感恩母亲。

其实，这种体验式的教育方式我们并不陌生，很多教师做了大量尝试。

比如，让学生走上街头维护交通秩序，到公园清理垃圾，清明节到烈士陵园扫墓，参观博物馆、科技馆，到敬老院做志愿服务，给妈妈洗脚，等等。这些活动都是在创造条件让学生去体验、去感悟。事实证明，这些活动带给学生的触动远远大于教师课堂上的讲解。

所以，在条件允许、学生安全能得到保障的前提下，班主任可以组织学生走出教室、走出校园，参加一些积极有益的社会活动，让学生在看与听的过程中去体验、去感受、去共情。

4. 主题班会

主题班会是本书所提倡的班会形式，并列举了12篇主题班会实录教案，主题班会也被称作"活动式主题班会"，主要是针对班级存在的问题，设计组织相应的课堂游戏活动，让学生在活动中共情与成长。

例如，针对新组建班级的学生集体观念淡薄的问题，组织了"团队作战"的主题活动班会。在课堂上，学生们通过"合作吹、运气球"与"小组拼图板"游戏，体会到每名同学在集体中都是不可或缺的，只有团队中的所有人齐心协力、配合默契才能取得胜利。还有，针对班级大多数学生做事拖拉、毛躁的问题，开展了"搭积木减压班会"。先让学生们通过"搭积木"游戏，体验成功的喜悦；再通过"抽积木"环节，体验失败后的内心失落。游戏在紧张、欢乐的氛围中结束后，班级每一组派代表谈活动感言。有的小组说："通过活动，我们懂得做每一件事都离不开快速与稳定的作风。"最后班主任鼓励并希望每一名学生都能够以良好的心理素质与快准稳的姿态迎接即将到来的月考。

三、优化实施过程

在组织实施这个阶段，班主任要完成以下四项工作。

1. 合理安排时间

因为一节课只有45分钟，所以班主任在主题班会的每一个环节都要进行准确的时间规划，这样才能使我们的主题班会完成德育目标。例如，主题活动班会"团队作战"的吹气球环节，我就在课前组织全家人合作完成游戏，以确定吹5个气球大概需要多长时间，进而确定该环节应该赋予的课堂时间。这样整节课下来，环环相扣，在规定的时间内完成课堂教学目标，突出德育主题。

2. 做好角色分工

在筹备主题班会尤其是主题活动班会时，需要清晰确定老师和各组学生担当的角色，并进行提前准备和计划。

3. 优选多媒体素材

我们在主题班会中，经常借助多媒体手段辅助教学。因此需要优选能够凸显班会主题的视频、音频内容，并在教室检查课件与视频能否正常播放。

多媒体素材内容的选择十分重要，因为不论哪一种形式的主题班会课，甚至班级例会都可以通过穿插视频与音乐，激发学生的兴趣与体验感。而且，一个能够触动学生内心的视频、音乐或画面，对于班会主题可以起到画龙点睛的作用。在培养学生自信心的主题班会中，通过播放一段6分钟的模特T台赛事，引导学生向阳光自信的模特学习，即使摔了个四脚朝天，站起来依然能够绽放着灿烂的笑容赤脚继续走台。这一段视频，三届学生看后均在笑翻的同时谈了观后感：人生难免摔跤，不论遇到什么窘事与困难，都要一笑而过、自信前行。

爆笑的学生

音乐是最好的情感熏陶，其微妙奇特的教育效果超出人们的想象。我所带的班级在2016年深圳市第一次高三模拟考试失利后，学生们情绪一度低到冰点。我也在极度压抑的心情下观看了正在上映的电影《疯狂动物城》，看后立刻借用电影《疯狂动物城》的主题曲激励学生们要像电影中的小兔子一样，不畏失败、全力以赴，歌词与动感旋律的绝配效果比任何说教都好。

No I won't give in till I reach the end

我绝不退步，直到到达终点

and then I'll start again

接着重新出发

No I won't leave I wanna try everything

不，我不会逃避，我会拼尽全力

I wanna try even though I could fail

即便会输，我也会拼尽全力

Oh oh oh oh oooh Try everything

拼尽全力

Oh oh oh oh oooh Try everything

拼尽全力

Oh oh oh oh oooh Try everything

拼尽全力

2018年2月，中央电视台综合频道推出了大型文化节目《经典咏流传》。节目响应落实党的十九大报告"推动中华优秀传统文化创造性转化、创新性发展"的精神，用"和诗以歌"的形式将传统诗词经典与现代流行音乐相融合，在注重节目时代化表达的同时，也深度挖掘诗词背后的内涵，讲述文化知识、阐释人文价值、解读思想观念，为现代文明追本溯源，树立文化自信。因此，该节目是非常好的传承中国文化的主题班会素材，特别有利于教师引导学生"在经典中成长，在践行中传承中国文化"。

在《经典咏流传》的部分曲目中，我选用过王俊凯的《明日歌》、梁俊的《苔》、王力宏的《三字经》、赵照的《声律启蒙》。当节目视频在班会课上打开时，中华民族的《诗经》古韵扣人心扉，不绝于耳，学习了一天的孩子们顿时两眼发光，这样的班会课特别受学生喜欢。

2018年2月16—17日"经典传唱人"节目表

经典曲目	经典传唱人	经典出处
2018年2月16日　第一期		
《明日歌》	王俊凯	［明］钱福《鹤滩稿》

续　表

经典曲目	经典传唱人	经典出处
《滚滚长江东逝水》	杨洪基、王晰	［明］杨慎《临江仙·滚滚长江东逝水》
《苔》	梁俊	［清］袁枚《苔》
《墨梅》	谭维维	［元］王冕《墨梅》
《登鹳雀楼》	果敢Duplessy疯马乐队	［唐］王之涣《登鹳雀楼》
《梁祝》	巫漪丽	［唐］佚名《铜官窑瓷器题诗二十一首》
2018年2月17日　第二期		
《三字经》	王力宏	［宋］王应麟《三字经》
《枉凝眉》	陈力、余少群	［清］曹雪芹《红楼梦》
《声律启蒙》	赵照	［清］车万育《声律启蒙》
《定风波》	黄绮珊	［宋］苏轼《定风波·莫听穿林打叶声》

4. 要协调好各方面的力量

主题活动班会有的时候不仅是本班的老师和学生参加，有的时候还要邀请任课教师、家长、高年级或者其他班级的学生参加，所以，要注意协调各方面的力量。

四、升华主题思想

班会课的主题思想升华，是突出一节课的教育主题与德育目标的点睛之笔。前面谈到，一个主题班会必须要有提升的阶段，没有这个点睛之笔，班会主题就很难突出，很难让学生获得一种清晰的感觉和体验。我们会看到这种情形，上课铃声一响，教师报幕后就把课堂交给了学生，过程中，学生说出"遇到自己会的知识就可以不听课做其他作业时"，教师也不站出来纠正，直到下课铃响了，教师才出现在台上"总结"："我们的班会课到此结束，今天的班会很成功，同学们的表现特别棒！"用如此空洞且可有可无的一句话来草草收场，实在有些遗憾。可以说，没有经过总结提升的班会课，不可能达到完美的教育效果，它留给学生的印象也不会深刻。

如果在"端午节主题班会"中，进行端午节的来历、习俗的知识普及后，仅仅告诉学生要缅怀伟大的爱国主义诗人屈原，就显得比较单薄。如果通过诗作与视频，对古人、先烈的家国情怀进行学习后，让学生们讨论如何通过自己的实际行动进行传承，最后班主任总结"国强才能家富，个人命运与国家命运不可分割"的话，整节课就会主题思想鲜明、有高度。否则，学生脑海中留下的往往只是课堂的形式与游戏活动本身，淡化了整节课所要表达的主题与德育目标。

（深圳市福田区红岭中学　高军丽）

主题班会的常见误区

当班会课有了主题，不再是上传下达的流水账后，新的问题就来了：主题班会的正确打开方式究竟是什么样的？如果把握不好主题班会的分寸与尺度，各种误区便出现了。

误区1：单向灌输

整节课以教师的讲解为主，滔滔不绝，内容要么是长篇"心灵鸡汤"美文、视频，要么是教师个人成长故事，几乎没有学生发言的机会，即使课件上有学生活动的设计，也会因教师的一句"因时间关系"而草草收场。这样说教式的主题班会课，学生从小学就有了，如果进入高年级依然听教师换汤不换药或者连汤也不换的述说，且教师的口才又不够出色与幽默，那么学生表面上似乎认同了老师的观点，接受了相关要求和倡议，但整个过程却因缺少了学生的参与热情，势必会出现左耳进、右耳出的结果。如果班会过程添加现场随机式问答、全体学生参与的动手活动或部分学生的角色表演，教育效果就会好很多。

误区2：活动老套、无创意

广东省教育厅中小学德育专家李季教授曾说，一开展感恩教育的主题活动就进行亲子活动，给爸妈洗脚、亲子拥抱；某高一学生也讲，从小学一年级开始，每年当着全班同学和爸妈拥抱一次，已经拥抱九次了，能不能不拥抱？虽然九次拥抱是小概率事件，但是也说明主题班会的活动无创意，存在"抄袭现象"，导致随着学生年龄的增长，相同主题活动的教育效果会逐步下降。因此，主题班会的活动设计要有独创性，能够引起学生的共鸣，达到润物细无声的无痕教育效果。设计一堂新颖的主题班会活动，对班主任提出了较高要求，需要班主任用心设计，尤其是高年级的班主任。借助学生与校外人士的意见是一个不错的选择。例如，高年级或毕业学长学姐讲述对老师的感恩之情；家长讲一讲在自己成长道路上所要感恩的每一个帮助到自己的人，如感恩父母的养育，感恩老师的教育，感恩同学，感恩学生时代曾经奋斗、努力的自己等。

误区3：形式泛化、效果低

请已毕业的学长学姐在班会课给学弟学妹们进行学习经验分享，本是一件非常好的同伴教育策略，但是使用的次数多了，发言的学长学姐又没有经过筛选，发言内容班主任也没有提前把关，导致发言泛滥，使学弟学妹兴趣下降甚至产生反感。同理，学长学姐给学弟学妹们分享学习心得的小视频，也要经过班主任的授意与挑选，让小视频能够真正解决现有班级学生存在的问题。例如，面对学生偏科、应付或不交作业的现象，班主任可以有针对性地请相关优秀毕业生录一段小视频进行正面教育。2018年1月，我请就读华南理工大学的2016届高三毕业生蔡浩华同学录制了一段视频，动员高三的学弟学妹们充分利用寒假在家的时间备战高考。蔡同学的成绩在高三一年中突飞猛进，由第一次月考理科年级排名第四百九十九，经过整个寒假的拼搏，逆袭为高考成绩年级排名第九十九。蔡同学说他在收到高考成绩时，整个人高兴得都快飞起来了。但是蔡同学在发给我的第一版视频中，并没有介绍自己从寒假才开始完成所有学科的作业，并仔细研读错题解析的事情，后经过两次重录才达到满意的效果。

误区4：教师的主导作用缺失

"将课堂交给学生"是近年来的一个新理念，人们纷纷效仿。的确，学生是课堂的主体，课堂上也的确需要有学生的活动，让学生在"动中学"。但是越来越多的公开课出现了"将课堂交给学生而忽视教师主导作用"的现象。如果一堂课只需要教师设计一些问题，组织一些活动，让教师完全退到学生的后面、讲台的下面，学生代表讲什么算什么，过程中没有教师的纠正、提升与点评，那么，课堂目标如何达成？课堂质量又如何保证呢？

有一种观点很好，因材施教的"材"既包括学材、教材，还包括师材。只要是"因材"所需，教师当讲则讲，讲得淋漓尽致；当引导则引导，放手让学生去做；当沉默则沉默，让学生自主思考；当热闹则热闹，让学生情感得以激活。

在我观摩过的主题班会课中，经常会出现一男一女两名学生主持，要么是华丽的主持串词、严格的仪式程序，要么是网络热词横飞，谈笑风生、信马由缰。甚至有的班主任认为，主题班会就是由学生主持开展的班会，要把课堂完全交给学生。这种认识上的误区，极大地桎梏了班主任的想象空间和创造力，使主题班会成为一种僵化、刻板的"八股"模式，进而导致了主题班会中活动的形式主义。

误区5：倚重表演

与主题班会模式僵化相伴随的另一个特征就是主题班会的设计与实施过程过于隆重，具有浓厚的表演色彩。主题活动班会往往经过了精心的设计与准备，相比讲授式的主题班会，具有突出的优点：主题鲜明突出、针对性强；内容丰富、形式生动活泼，学生喜闻乐见；发挥学生的兴趣爱好和特长，学生参与面广；学生走到台前成了班会的主角。并且，很多精品主题班会看起来很美、很大气，甚至表演的学生还要租用色彩斑斓的服装，对观摩者来说是视觉、听觉的盛宴，但是，对学生来说却不见得是好事，因为这些班会陷入了表演化的误区。整节课下来，犹如一场文艺会演，一个活动连着另一个活动，你方唱罢我登场，有场面、有掌声，却唯独缺了静静的思考与实实在在的教育效果。因此，班会课的设计一定要紧扣班会主题，解决主题问题，引发学生深入思考，不要让讲台成为表演的舞台，不要让师生为了一节班会公开课，付出几倍于平时的课前准备。因为，真正的生活与课堂没有彩排。

另外，不要让主题班会设计的游戏活动成为营造课堂气氛的热身活动，更不能为了活动而活动。主题班会的活动设计一定要契合主题，让学生能够在活动中体会到班会的思想与德育目标。例如，在"团队作战"的主题班会中，让学生们通过"小组合作吹、运气球"的游戏，体会小组合作的重要性，进而突出班集体的所有学生就是一个团队，为了创建优秀的班集体，同学们要发挥"团队作战"的精神；在高三"搭积木减压"主题班会的活动中，让学生们体验即将搭好的积木轰然倒下时的失落，引导学生做事要细致，出现问题坦然面对、积极应对。

误区6：情感共鸣缺失

很多班会课在设计时，对情感教育的目标关注不够，缺乏激发学生情感的恰当素材和适合的活动形式，活动的设计与班会主题的契合度不高，甚至"两张皮"。班会平铺直叙，没有起伏和节奏的变化，主持人和教师情感投入也不够，主持感恩主题的班会，不能感动学生，也不能感动教师和主持人自己。班会现场的学生机械、被动地接受主持人的活动任务安排，甚至对严肃的主题嘻嘻哈哈。主题班会中的活动既不能打动学生的心灵，激发他们的情感，也不能让学生对班会课提出的问题产生深刻的思考。

（深圳市福田区红岭中学　高军丽）

主题班会素材的收集与获取

要想让一节主题班会的形式多样、内容丰富，需要经常下载图片与音频。而很多教师尤其是年龄大的教师经常因不会下载而受限。这里整理了部分素材的收集与获取途径，供教师们参考。

一、图片资料的收集与获取

1. 图片搜索

常见的搜索引擎均可进行图片检索，如百度、搜狗等。此处再推荐几个可搜索图片的网址。

（1）花瓣网：https: // huaban.com/。

（2）必应国际版图片搜索：https: //cn.bing.com/images/discover？form=Z9LH。

（3）Veer图库：https: //www.veer.com/。

另外，部分收费网站能满足更高质量的需求，需要网上注册账号，搜索到所需图片后，按操作提示购买。

（1）视觉中国：https: //www.vcg.com/。

（2）昵图网：http: //www.nipic.com/。

（3）千库网：http: //588ku.com/。

2. 图像处理软件

由于Photoshop具有一定的专业性，这里推荐简单易用的图像处理软件——"光影魔术手"，电脑端和手机App端均可下载，按操作说明使用即可。

二、文字资料的收集与获取

（1）21世纪班会资源网：https: //www.21cnjy.com/banhui/。

（2）中小学主题班会资源网：http: //www.banhui.net/。

（3）学科网"班会育人"专栏资料：http://qt.zxxk.com/jc-book5209/（需手机号注册下载资料）。

（4）专业类文献资料：中国知网（http://www.cnki.net/）、国家哲学社会科学文献中心（http://www.ncpssd.org）。

国家哲学社会科学文献中心由中国社会科学院联合教育部等单位共同承建。该中心收录了中外学术期刊7000多种，还有图书、古籍，上线数据已超千万，内容丰富且免费。只要打开"国家哲学社会科学文献中心"网站首页，找到"注册"，填写基本信息后，即可使用其检索功能，进行全文下载。

三、视频下载的收集与获取

班会课视频类素材常见的下载来源有：爱奇艺、腾讯视频、优酷视频、秒拍、CCTV、新浪微博、维棠视频等。

用爱奇艺、腾讯视频等视频客户端下载视频后需要同时下载播放器才能播放。

用优酷视频客户端下载视频时可以直接选择转码，然后在所在硬盘的"Youku Files"文件夹的"transcode"中可以见到所下载并转码的视频。

另外，也可以使用视频下载软件"硕鼠"进行下载。

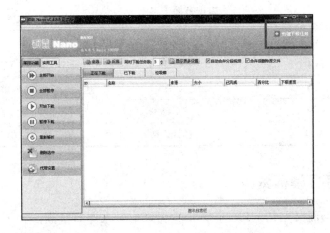

　　打开软件后，单击"新建下载任务"，将视频所在网页的网址复制并粘贴到下载地址栏，单击"开始"，选择"用硕鼠下载该视频"，即可进行下载。

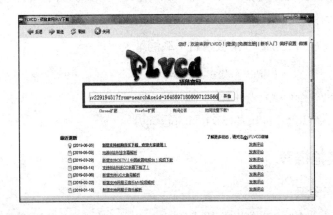

　　需要注意的是，"硕鼠"软件只支持一部分的网址视频提取。

视频网站

乐视网	CNTV	56网
搜狐视频	网易公开课	美拍
电影网	响巢看看	新浪大片
音悦台	秒拍	小咖秀
糖豆网	华数TV	今日头条

电视直播（可下载）

CCTV1	CCTV2	CCTV3
CCTV4	CCTV5	CCTV5+
CCTV6	CCTV7	CCTV8
CCTV9	CCTV10	CCTV12
CCTV13	CCTV少儿	CCTV15

四、PPT模板资源

简洁优美而又贴切的PPT能让学生更好地融入课堂氛围。为了获得更好的视觉效果，引起学生的兴趣，从而增强其课堂专注力，教师可以适当运用优质PPT模板，结合班会课内容，让教育更贴近学生的生活与心灵。Office本身即带有一些内置模板，也可以到Office官网下载相应模板，另外，WPS注册会员后也有大量精美的模板可供使用。

以下是一些常见的PPT模板素材下载网址。

（1）PPT宝藏：http://www.pptbz.com/。

（2）稻壳儿：http://www.docer.com/。

（3）熊猫办公：http://www.tukuppt.com/。

五、其他推荐

1. 微信公众号

推荐几个与德育工作相关的优秀的微信公众号："守望新教育""星教师""中小学班主任""班主任微素材""班主任大讲堂""中国教育报"等。

2. 相关书籍杂志推荐

潘睿华《班级心理游戏集》。

大夏书系"魅力班会课"系列丛书。

期刊《班主任》《班主任之友》。

（深圳市福田区红岭中学　王冲林）

高中三年主题班会的系列设定与规划

班会课是班主任对学生进行思想品德教育的重要途径。作为德育工作的重要阵地，有组织、有计划、有针对性地开展各类班会课是每一位班主任工作的重要任务。如何利用好每周一次的班会课，体现着班主任的教育智慧和教育艺术。笔者以高中三年主题班会的系列设定与规划为例，谈几点想法。

一、明确班会主题

好的主题班会，主题的策划，必须具有导向性作用，一个好的主题能够决定班会的发展方向。在主题策划上，应具有教育性、针对性、计划性。

1. 主题班会必须有明确的教育目的，将教育性贯穿始终

主题的确定与设计必须具有鲜明的目的性。比如，高一新生入学，正是组建新团队的关键时期，此时，开展的主题班会应该围绕团队组建这个核心进行设计。可以组织"团队作战""认识新朋友，融入新团队"等主题班会，通过开展丰富多彩的团体活动，让学生尽快融入集体，让班级凝聚人心，让集体富于魅力。

主题班会的教育目的大致可分为以下几类：

（1）思想观点、政治立场方面的教育。比如对学生进行爱国主义、集体主义教育，进行人生理想、培养责任感等方面的教育都属于此类。

（2）明确学习目的，培养学习兴趣，改善学习方法的教育。

（3）情感教育。结合高中学生青春期特点，有针对性地进行爱情观教育，让学生学会合理看待情感、正确处理与异性之间的关系。

在确立和策划主题班会时，必须观点明确，知道主题班会主要想解决什么问题，应该怎样将教育性贯穿始终，达到教育的目的，提高学生认识。只有这样，主题班会才能事半功倍，达到育人的目的。

2. 主题班会需要结合学生实际情况和班级情况，具有针对性

主题班会必须从学情和班情出发，结合实际，所确定的主题为学生中普遍存在的典型问题。需要根据学生的年龄和身心发展特点，结合学校、家庭和社会的实际，针对学生在思想、学习和生活等方面出现的问题，广泛选取主题，进行策划、组织、实施，及时对学生进行教育。例如，高三时，部分学生在一段时间的高强度复习后，容易产生疲惫和厌学心理。此时，可以开展"缓解压力，释放心情"主题班会，帮助学生放松心情，以积极的心态面对高考。也可以开展"备考那些事"主题班会，帮助学生轻松备考，掌握学习方法，学会转换思路，为最后阶段的冲刺做好准备。

要做到有针对性，班主任必须善于做好调查研究。作为班主任，要随时关注本班学生的精神状态、学习情况、身体健康状况，对当前班级存在的主要问题做到心中有数。当发现班级出现问题时，要认真思考问题出现的原因，厘清思路，制订解决方案。此时召开的主题班会，往往可以针对班级存在的各类问题。比如，新组建班级中部分学生不会和其他同学沟通，班主任可以及时召开"说你，说我"系列班会，通过组织学生进行"你画我猜"等活动，增进同学之间的感情，更促使学生思考沟通的重要性。再如，高二年级，部分学生对异性有好感，班主任也可以召开"花开应有时"主题班会，引导学生认识爱情的美好，更要认识到高中阶段最重要的任务是学习，爱情之花过早开放是对双方的一种伤害。

3. 主题班会必须有计划性

每一次主题班会的召开必须有严密的步骤，不能随意为之。教育性、目的性、计划性三者是有机统一的，既要根据学生不同年龄段的特点，有计划、有步骤地制订总体方案，还要对所在学期的班会活动有一个总体计划。每次组织班会时也要制订相应计划。比如，选择什么主题，采用何种形式，选取什么内容，达到何种教育目的等。有了计划，主题班会就有了指向性，目标明确，更容易达到教育的目的。

二、选择班会形式

高中生正是青春飞扬、活力四射的年纪。一方面，他们对新事物接受能力较强；另一方面，他们个性十足，不愿接受常规冗长的说教，这就要求班主任在班会形式的选择上下功夫。

1. 主题班会的形式要适合学生年龄特点，寓教于乐

当班会主题确定好后，班主任要选择符合青少年年龄特点的班会形式，不拘一格、寓教于乐，充分发挥学生的主体作用，让班会课的思想性、知识性、教育性、趣味性有机结合起来。

中学生思想活跃，兴趣爱好广泛，对新科技和先进技术手段接受性较强，对未知领域有着强烈的探索欲。他们喜欢参加形式新颖、生动活泼、富于幻想、参与性强的活动，对抽象的、空洞的、冗长的说教不感兴趣。因此，主题班会必须适应中学生的年龄特点和接受水平，多开展形式多样、生动有趣、寓教于乐的活动，让学生在感触中感悟、在感悟中感动、在感动中成长。

比如，高一年级新组建班级的班级建设主题活动班会，班主任可以采用小组合作完成活动任务的形式开展班会。例如，通过组员合作完成吹气球、运气球的活动任务并评选出优胜团队，激发学生的团队合作意识与上进心。让学生在活动过程中深刻体会团队获胜需要组内每一位成员的参与和努力。通过组员合作完成用38块拼图快速拼出一张完整的中国地图，强化团队合作的同时激发学生爱国、爱校、爱班的意识。

通过上述活动，学生在做中学，在学中悟，既让学生爱上了班会课，又达到了班会课的育人目的。

2. 主题班会的形式要不拘一格

主题班会要有效实现教育性、思想性、趣味性、知识性的有机统一，就要突破形式的束缚，使用多种方式进行教育。

常见的方式有：主题报告、演讲和竞赛、座谈和辩论、文艺表演等。此外，笔者所在的幸福教育工作室倡导的活动式主题班会则注重通过丰富多样的活动帮助学生领悟道理。比如，在学生成长类主题活动班会"认识自己，悦纳自己"中，执教教师选用游戏《手指中的我》鼓励学生探索正确认识自己的方法。教师让学生将自己的左手描绘在纸上，抄下问题，填写答案。然后将自己的右手描绘在纸上，之后邀请小组内任意一名同学填写他眼中的你，通过讨论，使同学们自然而然地得出不同的人对于"我"的评价不同，应该合理地看待这些不同，用心聆听他人的想法，正确悦纳自己。同时推己及人，引导学生不光正确认识自己，同时懂得欣赏他人。

需要强调的是，应该根据主题班会内容的需要，选择能够发挥最佳效果和最有教育意义的形式，对学生进行启迪，而非为了活动而活动，为了教育而教育。只有这样，才能确保教育的实效性，将育人工作真正做实、做细。

三、充分发挥学生的主体作用

确定好班会主题、选择好班会形式后，就要充分做好发动、准备工作。充分的准备才能达到预期的效果。准备过程中，需要注意充分发挥学生的主体作用。学生是班主任教育的主体，学生更是成长中、发展中的人。对学生进行教育的主题班会，更要发挥学生的主动性，通过让学生成为班会的主人，让学生参与到班会的准备、实施中，培养学生的综合素养，提高学生的认知水平和综合能力。

比如，在开展"备考那些事"主题班会时，班主任通过提前与学生沟通，确定班会主题。通过调研，确定班会的形式为主题活动式班会。让学生参与到一个个主题活动中，发挥学生的主体作用，让学生们在活动中感悟，在感悟中获得情绪的释放，坚定备考的自信心。

四、善于深化主题，巩固班会成果

1. 善于引导和总结

班主任除认真考虑班会主题的选题和组织形式外，还要认真考虑主题如何深化，做好班会的总结。在主题班会中，当我们通过活动让学生谈感受时，学生的认识并不总是积极的、客观的，也有消极的，甚至有些学生的发言还有片面性，没有说到问题的实质。当然，这和学生的身心发展特点有关。此时的学生，身心发展尚不成熟，有些观点容易偏激、片面，这就需要班主任加以适当引导，启发学生将问题看得更深入、更通透。通过总结，使学生认识到事物的本质，明确召开主题班会的目的和自己今后的努力方向。

2. 注重成果巩固

一节班会课并不能解决所有问题。教育不是一蹴而就的，是一个循环往复的过程，在德育过程中，要注重反复抓、抓反复，时刻关注学生的变化。当一节主题班会课结束后，班主任要关注后续部分，注重巩固之前班会上已经取得的教育成果。比如，在"赢在执行力"主题班会中，班主任通过小组合作"扫雷"的方式启发学生思考如何提高个人执行力。在学生们得出结论后，班主任可以在课后一到两周时间组织班级学生开展"行动之星"评选活动，选出班级中最具执行力的学生以及班会课后改变最大的学生。通过此类后续活动，可以将班会课的教育功能落到实处，真正让这节班会课发挥作用。

教师是学生成长路上的引路人，在学生学习生涯中起着重要作用。班主任应针对高中三年学生的身心发展特点对这三年的主题班会教育有一个整体规划。班主任一定要对学生的发展做好具有前瞻性的规划，在了解高中三年学生大概会有怎样的思想变化的前提下，掌握不同年级与学期的学生可能会出现什么样的思想波动，来设计应该召开哪些主题班会才能更好地解决学生的这些问题。

对此，笔者将高中三年的主题班会内容设定如下。

高一年级——习惯教育、养成教育

高一年级是入学的第一年，学生刚离开初中，要适应高中的新环境、结交新朋友，适应新老师、新科目、新的教学方式和学习方式。甚至不少学生是第一次离开家到学校住宿，体验集体生活。此时的班会课设计应以弘扬集体主义、培养学生良好的学习习惯和生活习惯为主，同时打造一系列活动，增强班集体凝聚力。

第一学期班会课主题如下：

9月——新学期，新开始

第一周：磨砺自我，迎接高中——军训主题班会。

第二周：团队作战——增强团队凝聚力主题班会。

第三周：高中生活如何起航——明确高中生活方向主题班会。

第四周：没有规矩，不成方圆——规则意识教育主题班会。

10月——爱祖国，爱班级

第一周：厉害了，我的国——爱国主题教育班会。

第二周：我的班级我的家——热爱班级主题教育班会。

第三周：学会学习——学习方法主题班会。

第四周：诚信无价——诚信主题教育班会。

11月——会学习，会沟通

第一周：做时间的主人——珍惜时间主题教育班会。

第二周：我读我精彩——读书主题教育班会。

第三周：学会沟通，阳光生活——沟通主题教育班会。

第四周：认识自己，悦纳自己——悦己主题教育班会。

12月——懂法律，爱生命

第一周：法律伴我行——知法守法主题班会。

第二周：平安交通，幸福你我——法规、安全意识教育主题班会。

第三周：珍惜生命，热爱生活——珍惜生命主题教育班会。

第四周：莫让年华付水流——珍惜生命、珍惜时间主题教育班会。

1月——会复习，会考试

第一周：要自由，更要自律——规则意识教育主题班会。

第二周：时间都去哪儿了——合理利用时间主题教育班会。

第二学期班会课主题如下：

高一第二学期，部分学校会进行文理分科，此时班级为新组建班级，可参照高一上学期部分班会主题对学生进行再教育。特别是增强班集体核心凝聚力方面的主题班会教育，应为重中之重。

3月——新学期，新开始

第一周：新征程，新起点——开学收心教育主题班会。

第二周：认识新朋友，融入新团队——团队教育主题班会。

第三周：请锁定你的灯塔——目标教育主题班会。

第四周：请放飞你的青春——目标教育主题班会。

4月——好习惯，好成长

第一周：好习惯成就好人生——习惯主题班会。

第二周：我的习惯我做主——习惯养成教育主题班会。

第三周：一滴水折射的光辉——文明习惯养成教育主题班会。

第四周：节约，从我做起——节约意识养成教育主题班会。

5月——懂规则，控情绪，爱国家

第一周：没有规矩，不成方圆——规则意识教育主题班会。

第二周：我的情绪我做主——做自己情绪的主人，控制情绪主题班会。

第三周：诚信考试，不负韶华——期中考试考前诚信教育主题班会。

第四周：爱如满月，心怀家国——端午节传统文化节日教育主题班会。

6月——定目标，做规划

第一周：直面挫折，我的未来不是梦——目标教育主题班会。

第二周：细节决定成败——目标教育主题班会。

第三周：坚持就是胜利——目标教育主题班会。

第四周：超越自我，青春飞扬——目标教育主题班会。

7月——备考和假期安全教育

第一周：聊聊考试——期末考试考前动员主题班会。

第二周：道路千万条，安全第一条——暑假安全教育主题班会。

高二年级——理想教育、品格教育、爱情教育

高二年级的学生有了高一的积淀，对校园环境和校园文化都已熟悉，同学间也已形成较为稳定的朋友圈，对高中各学科的学习也初步掌握了方法。面对未来，部分学生会觉得迷茫，学习动力也会随之下降。再加上此时学生青春懵懂，一些学生开始对异性产生好感，如不加以正确引导，学生容易陷入情感误区，最终影响未来发展。基于此，高二年级班会课教育主题主要为理想教育、品格教育、爱情教育。

第一学期班会课主题如下：

9月——新学期，新希望

第一周：新学期，新气象——开学收心教育主题班会。

第二周：青春飞扬，梦想远航——理想教育主题班会。

第三周：规划人生，拥抱幸福——理想教育主题班会。

第四周：拒绝平庸，追求卓越——理想教育主题班会。

10月——责任教育

第一周：心中有国家——对国家负责——责任教育主题班会。

第二周：心中有他人——对他人负责——责任教育主题班会。

第三周：心中有家人——对家人负责——责任教育主题班会。

第四周：心中有自己——对自己负责——责任教育主题班会。

11月——探索方法，积极备考

第一周：掌握学习策略，提高学习效率——提高学习效率主题班会。

第二周：按时作息，规律生活——提高学习效率主题班会。

第三周：诚信考试，科学备考——备考主题班会。

第四周：逆风飞扬，直面挫折——备考主题班会。

12月——提升行动力

第一周：精于心，匠于行——提升学习力主题班会。

第二周：赢在执行力——提升行动力主题班会。

第三周：逻辑的魅力——提升思维能力主题班会。

第四周：快乐迎新年——班集体建设主题班会。

1月——期末备考

第一周：诚信考试，科学备考——备考主题班会。

第二周：安全重于山——假期安全教育主题班会。

第二学期班会课主题如下：

3月——塑造良好品格

第一周：绿水青山就是金山银山——环保主题班会。

第二周：己所不欲，勿施于人——责任主题班会。

第三周：百善孝为先——孝顺主题班会。

第四周：嫉妒不可取——端正心态主题班会。

4月　　生命教育、生涯教育

第一周：珍爱生命，健康成长——生命教育主题班会。

第二周：直面挫折，勇敢向前——生命教育主题班会。

第三周：青春不留白——生涯规划教育主题班会。

第四周：我的青春我做主——生涯规划教育主题班会。

5月——爱情教育

第一周：梦里花落知多少——爱情教育主题班会。

第二周：月朦胧鸟朦胧——爱情教育主题班会。

第三周：拿什么说我爱你——爱情教育主题班会。

第四周：花开应有时——爱情教育主题班会。

6月——习惯教育

第一周：按时作息，规律生活——生活习惯主题班会。

第二周：不负时光，不负青春——时间规划主题班会。

第三周：课堂的秘密——听讲习惯主题班会。

第四周：诚信考试，科学备考——备考主题班会。

7月——迎接高三

第一周：海阔天作岸，山高我为峰——励志教育主题班会。

第二周：高三，我来啦——高二高三对接主题班会。

高三年级——升学教育、心理教育、理想教育

　　高三年级的学生面临高考，学习压力较大，如何有效提高学生的备考效率，提升学生的考试成绩，成为班主任工作的重中之重。此外，由于学生在此阶段心理压力过大，部分学生可能会产生厌学、麻木等心理，这就要求班主任在抓成绩的同时注意随时关注学生的心理变化，并及时召开班会进行疏导。同时，帮助学生树立远大理想，明确奋斗目标，有助于帮助学生们充实而快乐地度过高三一年的备考冲刺生活。

第一学期班会课主题如下：

9月——高三适应教育

第一周：你好，高三——高三适应教育主题班会。

第二周：学长学姐面对面——高三适应教育主题班会。

第三周：师长话你知——高三适应教育主题班会。

第四周：家长直通车——高三适应教育主题班会。

10月——理想教育

第一周：聊聊理想大学——理想教育主题班会。

第二周：理想不远，未来可期——理想教育主题班会。

第三周：我的未来不是梦——理想教育主题班会。

第四周：谁的大学谁做主——理想教育主题班会。

11月——心理教育

第一周：放松情绪，放松心情——放松情绪，户外拓展主题班会。

第二周：大家一起"打"紧张——情绪类主题班会。

第三周：压力的好与坏——心理减压教育主题班会。

第四周：在竞争中成长——正确看待竞争主题班会。

12月——信心教育、升学教育

第一周：每天进步一点点——信心教育主题班会。

第二周：系统复习好处多——升学教育主题班会。

第三周：班级因你而出色，小组因你而优秀——集体主义信心教育主题班会。

第四周：我就是我，不一样的烟火——信心教育主题班会。

1月——升学教育、科学应考

第一周：聊聊备考那些事——科学应考主题班会。

第二周：静心苦读，水到渠成——升学教育主题班会。

第二学期班会课主题如下：

3月——目标教育、信心教育

第一周：目标成就未来——生涯规划主题班会。

第二周：何以学习——学习目标主题班会。

第三周：每天进步一点点——目标教育主题班会。

第四周：阳光总在风雨后——直面挫折，树立信心主题班会。

4月——心理疏导

第一周：搭积木比赛——心理减压主题班会。

第二周：聊聊高考那些事——减压主题班会。

第三周：焦虑是只纸老虎——克服焦虑主题班会。

第四周：放下包袱，全力应考——心理减压主题班会。

5月——激励斗志

第一周：让马达声更响亮——增强战斗力——激励斗志主题班会。

第二周：把握现在，成就未来——激励斗志主题班会。

第三周：回首三年，感恩母校——激励斗志主题班会。

第四周：临别前，我想对你说——激励斗志主题班会。

6月——鼓舞士气

第一周：高考，我来了——考前教育主题班会。

教育不是一蹴而就的，而是一个循环往复的过程。对学生进行主题班会教育，更是要抓反复、反复抓，本着知、情、意、行相结合的原则，让学生在受教育的过程中感受到幸福，让学生在感受到幸福后获得成长的体验、成功的快乐。

部分情况下，班级会有突发状况，针对突发状况，班主任可以临时改变主题规划，选择适合突发状况的主题对学生进行教育。也可根据学生情况对部分主题进行循环教育。总之，云无定姿姿万态，教无定法法自在。我们相信，只要班主任本着爱生、爱教之心，用心浇灌教育之花，定会百花满园、香气扑鼻。

（深圳市福田区梅林中学　苏科研）

主题活动班会优秀课例实录

高一年级主题活动班会

团队作战

班级活动

【推荐理由】

1. 班级凝聚力是班级文化的核心，是推进班风建设的动力，可以从多个侧面和层面展示一个班级的生机与活力。

2. 新组建的班级，同学之间不够熟悉，班级的集体荣誉感还不强。所以在守纪、学习、学校的各项集体活动中的凝聚力就不够强。

3. 在班级新组建阶段，通过团队作战的活动班会课，不仅可以增进认识、拉近生生之间的距离，还可以在共同完成一项任务比赛中增强战斗力。给同学们留下深刻的印象，对班主任接下来的班级工作管理有很大帮助。

【适用年级】

所有年级的新组建班级。

【班会背景】

高一（×）班是重点学校的重点班。在开学前的军训中，基地评出涉及14个班级的四个奖项，×班无一获奖。而且，在军训期间出现顶撞教官、不做卫生、在宿舍烧香祈福等现象。开学后，值日生忘记值日、集会拖拉、宿舍夜聊等现象屡屡出现。

【班会目标】

1. 通过组员合作完成吹、运气球等活动任务，激发学生的团队合作意识与上进心。

2. 通过组员合作快速完成中国地图的拼图，激发学生的团队合作、爱国爱校爱班的意识。

3. 任务结束后由学生个体回答或小组派代表分享活动的启发与感悟，引导学生在活动的基础上感受到团队合作和班级凝聚力、向心力对于构建优秀班集体的重要性，防止将主题活动班会演变为单纯的活动课，失去教育意义。

【课前准备】

1. 100只气球、中国地图拼图板6个、七彩小贴纸80张、6个装气球的储物盒。

2. 将学生分成6个组，并推选出小组长。

【设计思路】

1. 以歌德名言引出团队合作的问题。

2. 组员合作完成吹、运气球的活动任务并评出优胜团队。（时间约7分钟）

3. 组员合作完成用38块拼图快速拼出一张完整的中国地图。（时间约7分钟）

4. 每一次任务结束后由学生个体或小组派代表分享活动的启发与感悟。（时间约10分钟）

5. 组织学生以小组的形式将活动感悟写在便利贴上，并拼出一棵智慧树。（时间约7分钟）

6. 班主任课堂总结并对学生与班级发展提出期望。

【班会实录】

（一）导课

师：歌德说，不管努力的目标是什么，不管他干什么，单枪匹马总是没有力量的。合群永远是一切善良思想的人的最高需要。今天，我们的班会主题就是"团队作战"，将通过小组合作完成三项活动任务，评出最优秀的团队。

（学生们面露笑容，跃跃欲试）

（二）活动内容

活动1：我来帮帮你

活动规则：

（1）全班分成6组，每组9人。

（2）小组商议分工（2分钟）：3人只能用口吹气球、3人只能用手拿气球与扎气球，2人将气球运至指定位置，但不能用口与手，1人负责监督其他组并计数。

（3）待开始指令发出后，吹、运气球（5分钟）。

（4）在指定位置气球数多的小组获胜。

（5）获胜组每人加3分，载入本月班级德育量化考核表。

学生们听到获胜加分后竟然欢呼鼓掌，说明这一奖励是学生们看重的。

小组讨论任务分工与动作要领，时间2分钟。

师发出指令，各组开始吹、运气球，时间5分钟。

师：时间到！请各小组负责监督的同学计数。

班主任将结果写在黑板上，评出此活动的获胜团队，每组每人加3分。

师：老师看到获胜的团队满脸笑容，没有获胜的团队比较遗憾。接下来，请同学们畅所欲言，谈谈活动的启发与收获。

学生举手发言。

此次活动的启示与收获：

为了引导学生，该活动的启示与收获由师生共同归纳完成。

集体成员为了实现共同目标要齐心协力、互帮互助；集体目标的达成，依赖每位成员的付出，缺一不可；获胜的小组用胳膊夹着气球运输，又稳又快，说明方法很重要。我们班级实现创优目标既需要秩序井然，也需要有创新思维。

活动2：集体拼图

活动规则：

（1）全班6个小组合并成3个组，每组18人。

（2）每组随机发拼图，每人至少1片。

（3）每组派出1名同学高举拼图底板。

（4）待开始指令发出后，开始拼图。拼图时可以组内询问、商量。

（5）最先完成拼图的小组获胜并加分。

师发出开始指令并计时。

师现场采访内容：

（1）在整个游戏中，你问了多少个人？被多少个人问到？

（2）如果在游戏过程中不许说话，你认为游戏的结果会怎样？

（3）如果缺少一小片拼图，整张拼图的价值会如何？

师：这项活动有何启示与收获？

王同学：我觉得我们这组得最后一名的原因主要是没有纪律。我们组在拼地图时出现了这样一种情况，两个人拿着相邻的两块拼图，都想要把拼图板尽快塞进凹槽内，然后"功成身退"。但是两个人拿着相邻的两块拼图板，互相推搡，最后谁也放不进去，导致时间拖得久了，第三、第四只手加入，使"战局"越发混乱。还有另外一种情况，一个人放完自己的拼图后，欲抽身而出，但想要拼图的人潮已是里三层外三层地围上来，里边的人出不去，外边的人进不来，只好把拼图传给最里面的人帮忙拼。这样一挤、一传、一接，浪费了大量的时间。在这个活动中，我们组虽然都是朝着一个方向努力的，但是没有铁一般的纪律，效率就会如此之低。在班上呢？班内若没有纪律，人人各自为战，朝着不同方向努力，将难成大事，后患无穷！

此次活动的启示与收获：

拼图的完整是逐渐完成的，就像班级凝聚力的形成一样，从小到大，最终形成强大的力量。希望每一名同学心系班级、心中有爱，将我们班建设得越来越和谐、越来越强大。

集体的和谐与完善源自同学间的有效沟通，每个人在团队中都有自己独特的价值。

师：一支优秀团队的特征包括每一位成员都要自觉做好分内事；每一位成员都应贡献自己的智慧；每一位成员都能积极与他人配合。

下面请同学们选择一张喜欢的便利贴，然后在便利贴上写下你对这节课的感悟，并制作成一棵造型漂亮的小组"感悟树"。

活动3：种下一棵"感悟树"

活动要求：

（1）3个小组的同学，每人在便笺纸上写上一句最想说的话后，迅速贴在拼图板上。

（2）看一看哪个小组完成得最快，贴出的"感悟树"造型最漂亮。

（3）将"感悟树"带回教室，每天见证它的成长。

将便笺纸贴在拼图板上

最后，班主任做课堂总结：今天，同学们的表现特别棒，活动井然有序，不仅在规定时间内完成了课堂任务，而且小组代表的发言非常有高度，超出老师的预想。相信经过今天的主题班会，我们班同学的团队合作意识会大大增强，也相信我们班一定会成为优秀的班集体。

【课后总结】

1. 整节课学生们相当兴奋活跃，因为有比赛与奖励机制，学生们的团队合作意识都很强，相互之间配合紧密。

2. 学生们对于每一个活动的感悟发言相当精彩，完全超出日常表现与老师的预想。

3. 有一点遗憾的是，老师准备的气球没有考虑到自然破损与学生们吹气球的速度，导致数量不够，一个小组没有气球了。

4. 主题活动课比无活动的主题班会课更受学生欢迎，课堂气氛活跃，充分实现了本节课的德育目标。

【操作提示】

整节课包括三项活动，因此每一个活动的时间安排是否合理紧凑直接关系到这节课德育目标的实现与否。在课前，要对每一个活动实际需要的时间进行模拟。例如，合作吹一个气球使用的时间，每一个小组在5分钟内大概能吹几个气球，老师应该给每一个小组分发几个待吹气球等。

（深圳市福田区红岭中学　高军丽）

爱如满月，心怀家国——中华传统文化传承

【推荐理由】

我国传统文化博大精深，源远流长，是全人类最为珍贵的宝藏。身为炎黄子孙，中华文明的传承者，我们有将中华民族传统文化发扬光大的历史责任。而我国传统节日是中华民族的历史文化长期积淀凝聚的过程。因此，借助即将到来的端午节，缅怀古人、弘扬家国情怀是一个非常好的主题班会的切入点。

【适用年级】

初、高中年级。

【班会背景】

学生日常的主题班会，大多围绕班风学风、团队建设、生涯规划及安全教育等开展，而有关中国传统文化节日传承的主题班会比较缺失。

【班会目标】

1. 通过观看反映"家国关系"的音乐视频《国家》和先烈董存瑞炸碉堡、时代楷模张劼先进事迹的视频，激发学生的爱国主义情感，了解家国命运紧密相连的关系。

2. 通过朗诵《屈原颂》，帮助学生了解屈原的爱国主义情怀。

3. 通过描绘个人"两个一百年"的奋斗目标，帮助学生增强"树立人生目标，以实际行动实现中国梦"的意识。

【课前准备】

1. 根据班会家国情怀的主题，收集音乐视频《国家》、《屈原颂：生命交响》诗作、董存瑞炸碉堡视频、时代楷模张劼的英雄事迹视频等。

2. 安排个别学生现场表演书法写作、诗歌配乐朗诵。

3. 准备描绘个人中国梦的白纸、彩笔。

4.培训两位主题班会的主持人。

【设计思路】

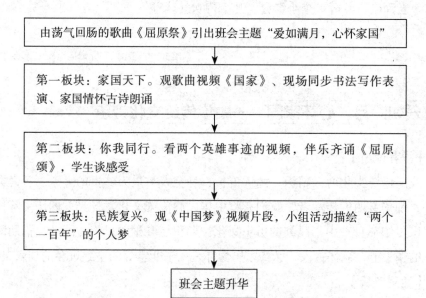

由荡气回肠的歌曲《屈原祭》引出班会主题"爱如满月，心怀家国"

↓

第一板块：家国天下。观歌曲视频《国家》、现场同步书法写作表演、家国情怀古诗朗诵

↓

第二板块：你我同行。看两个英雄事迹的视频，伴乐齐诵《屈原颂》，学生谈感受

↓

第三板块：民族复兴。观《中国梦》视频片段，小组活动描绘"两个一百年"的个人梦

↓

班会主题升华

【班会实录】

（一）导课

上课预备铃响起，播放歌曲音频《屈原祭》："离骚在水的中央，爱国从此唱响；为何你的壮怀激烈，无人不晓，有人不殇……夫子镌刻汨罗江，悲壮是魂断端阳，求索恰舟赛华章，流芳如万代粽香。"随着暖场音乐《屈原祭》的响起，班会课的1号主持人登台引出班会主题，并简要温习端午节的相关知识。

1号主持人："家国情怀"是中国优秀传统文化的基本内涵之一。"家"是人生开始的地方，那种以百姓之心为心、以天下之公为己任的使命感，就来自那个叫作"家"的地方。"国"是人生理想的源泉，那种与国家民族休戚与共的壮怀，就源于那个叫作"国"的地方。

家与国不分，而蕴含的家国情怀便是一股永不衰竭的精神涌流，有了它的丰润，我们必能描绘大写的人生，成就不凡的意义。这是过端午节祭屈原引发的情怀，也是我们今天的班会主题——爱如满月，心怀家国。

（二）第一个板块：家国天下

播放《国家》的音乐视频，歌词抒发家国情怀：家是最小国，国是千万家，有了强的国，才有富的家。家是国的基础，国是家的延伸，在中国人的精神谱系里，国家与家庭、社会与个人都是密不可分的整体。"小家"与"大国"同声相应、同气相求、同命相依。

活动1：家国情怀——书法展示

在歌曲《国家》播放过程中，个别学生同步完成书法"精忠报国"4个大字。

书法"精忠报国"

活动2：家国情怀——古诗朗诵

1号主持人：屈原是最能体味国破家亡的感觉的，他的家国情怀从来都不只是停留在摄人心魄的文字中，更在你我内心的精神归属中。下面请听班级同学表演古诗朗诵，让我们感念个人前途与国家命运的同频共振。

多媒体出示爱国主义古诗词，学生小组成员逐一激情朗读，让学生们体悟古代英雄将士的豪迈气概。

学生朗读《屈原祭》

《黍离》：知我者，谓我心忧；不知我者，谓我何求。悠悠苍天，此何人哉？

王翰《凉州词》：醉卧沙场君莫笑，古来征战几人回？

王昌龄《出塞》：秦时明月汉时关，万里长征人未还。

高适《燕歌行》：汉家烟尘在东北，汉将辞家破残贼。

于谦《石灰吟》：粉骨碎身全不怕，要留清白在人间。

文天祥《过零丁洋》：人生自古谁无死？留取丹心照汗青。

（三）第二板块：你我同行

2号主持人：家国情怀，与其说是心灵感触，毋宁说是生命自觉和家教传承。《礼记》里"修身齐家治国平天下"的人文理想，《岳阳楼记》中"先天下之忧而忧，后天下之乐而乐"的大任担当，抑或陆游"家祭无忘告乃翁"的忠诚执着，还有屈原"路漫漫其修远兮，吾将上下而求索"的坚持不懈，无论古今，都需要你我为家为国奉献担当，从孝亲敬老、兴家乐业的义务走向济世救民、匡扶天下的担当。

播放董存瑞炸碉堡视频后，屏幕上逐字飞出一行话：董存瑞，牺牲时未满19岁（目的是强调董存瑞的年龄与学生们相差不多）。

播放"信中国"节目中时代楷模（安徽蚌埠特警）张劼的先进事迹，他在2016年1月5日危害公共安全重大警情处置中，面部被灼伤达深二度。学生们为之动容，爱国主义情怀更加饱满。

活动3：你我同行——诗歌齐诵

看完视频后，两位主持人齐诵诗歌《屈原颂：生死交响》，引导学生们重温屈原的爱国主义情怀，时间约3分钟。

《生死交响》（节选）

你是谁

仰望苍穹的目光为何那样孤独

可以去国高就又为何选择故土流浪

衣袂飘飘，秋兰为佩

又为何形容枯槁江畔彷徨

是因为"天问"没有答案

还是因为你的"九歌"没有回响

是因为被束之高阁的美政

还是因为蒙尘受辱的理想

人们都说千古艰难唯一死

都不知道活着也是需要理由的

面对生死，你不想选择，却别无选择

你认真思考，却无从思考

你想回避，却无法回避

于是你选择了超越

......

两位主持人齐诵诗歌《屈原颂：生死交响》

活动4：你我同行——观视频谈感想

看完视频、听完咏诵，同学们谈此时此景的感想。

同学们表示：看到古人与先烈的事迹，备受鼓舞。作为和平时代的高中生，要脚踏实地、认真学习，将来为祖国的建设做出贡献。

（四）第三板块：民族复兴

播放《中国梦》片段视频，帮助学生理解"中国梦"是习近平总书记为实现中华民族伟大复兴所提出的政治理念；"中国梦"有两个层次，一个是国家、一个是个人。

同学们看《中国梦》写感想

师："家国情怀"是一个人对自己国家和人民所表现出来的深情大爱，是对国家富强、人民幸福所展现出来的理想追求。它是对自己国家的一种高度认同感、归属感、责任感和使命感的体现。为了实现中国梦，我们有了"两个一百年"的奋斗目标，现在，请同学们憧憬一下2021年和2049年"两个一百年"奋斗目标实现的时候，自己的生活状态，用彩笔在白纸上描绘出来。

教师将学生们描绘出的"中国梦"同屏投影在白板上，全班分享。

师：这两名同学的构想特别棒，将自己的"中国梦"与国家的"中国梦"紧密相连，充分体现了国强才能家富，个人命运与国家命运不可分割的道理。

升华班会主题思想：

师：让我们引用习近平总书记阐述"中国梦"时的箴言，"只要我们紧密团结，万众一心，为实现共同梦想而奋斗，实现梦想的力量就无比强大，我们每个人为实现自己梦想的努力就拥有广阔的空间""生活在我们伟大祖国和伟大时代的中国人民，共同享有人生出彩的机会，共同享有梦想成真的机会，共同享有同祖国和时代一起成长与进步的机会"。希望同学们通过今天的主题班会，能够树立自己远大的梦想，并以实际行动为国家富强、民族复兴做出自己应有的贡献。

【课后总结】

1. 整节课的活动有序进行，两名学生主持人情绪饱满、富有感染力。

2. 董存瑞与时代楷模的视频特别感人，对学生的教育作用很大。

3. 让全体学生进行个人"中国梦"的构想、描绘与分享环节很出彩。诗歌朗诵的形式效果弱了一点。

4. 主题活动课比无活动的讲授式主题班会课更受学生欢迎，课堂气氛活跃，充分实现了本节课的德育目标。

【操作提示】

为了优化课堂设计的实施过程，对学生培训要细致；多媒体操作要熟练；教师对学生活动的表述要清晰；各个小组活动的时间安排要合理；素材的选择要有代表性；活动数量的设计要丰富恰当。

（深圳市福田区红岭中学　高军丽）

学会沟通，阳光生活

【推荐理由】

目前学生多是独生子女，成长环境单一，容易形成以自我为中心的价值观，往往集体观念薄弱。进入学校，若带着这种以自我为中心的认知情感与同学交往，不懂得体谅他人，不善于关心和理解他人，便容易造成人际关系紧张，如师生关系、亲子关系、同学关系，这往往是由学生不能坦诚沟通和互相理解所致。

通过本次班会课，教育学生沟通的重要性，让学生在体验中感悟沟通理解的长远意义，学习基础的沟通技巧，适应新学校、新班级、新环境。

【适用年级】

高一年级。

【班会背景】

高一（×）班初建班风较为平和，但学生之间凝聚力不够强，除了宿舍的同学，对其他同学不甚了解，同学之间的交流少，对新环境适应不足，课间偶有争吵现象。

【班会目标】

1.通过小组合作完成活动，可以大大提升学生的课堂学习兴趣。

2.通过班会课的交流，帮助学生学习并体验常见的沟通技巧，以帮助学生在成长的道路上更加轻松愉快地学习、生活。

3.在情境中体验感知，有助于学生在愉悦轻松的氛围中取得收获。

【课前准备】

1. 根据班级学生特点，设计"寻找有缘人"表格。

2. 准备足够数量的书签或明信片。

【设计思路】

1. 以美国心理学家威廉·詹姆斯名言引出沟通理解的问题。

2. 了解开学半学期以来同学们的烦恼，强调沟通的重要性。（时间约5分钟）

3. 进行"成语密码"小游戏。（时间约5分钟）

4. 思考成功组和失败组的原因，并调整传递方式，再次进行。（时间约7分钟）

5. 开展"寻找有缘人"活动。（时间约7分钟）

6. 组织学生思考填表遇到的困难，小组交流解决措施。（时间约10分钟）

7. 班主任课堂总结并对学生与班级发展提出期望。（5分钟）

【班会实录】

（一）导课

美国著名心理学家威廉·詹姆斯说："人性最高层的需求，就是渴望别人的欣赏。"一个人的成长，总离不开与他人的沟通和交流，他人对我的理解，我对他人的诉求，都是自我提升的重要方面。让我们借助这节课的学习活动，搭建沟通之桥，助力快乐成长！

（二）课前思考：我有烦恼吗

半学期过去了，你有以下烦恼吗？

进入高中了，我该怎么做才能尽快融入集体？今天受到了批评，我该如何与老师解释呢？小测/期中考没有考好，我该怎么向父母交代呢？宿舍同学生活习惯不一样，我该怎么告诉他呢？班委管纪律时受了委屈，我该怎样跟同学们表述呢？同学有些做得不好的地方，我该怎样提醒呢？

引导反思：我们需要与人沟通，与人交流，因为我们需要理解别人，也渴望被人理解，我们都想生活在一个轻松、愉悦的环境中。

（三）活动内容

活动1：成语密码

活动规则：

（1）全班分为8个小组，每组6～8人。

（2）选2个小组，每组5人，面朝黑板，每组最后一人接收2个成语密码信息，依次传递给前一名同学，不能发出声音，只允许用肢体语言传递信息。传到第一人，将获取的2个成语密码信息写在黑板上。

（成语：①花枝招展、惊弓之鸟；②走马观花、画蛇添足）

"成语密码"活动

（3）思考：为什么最后的密码会面目全非？怎样可以传得更好？

（4）进行第二轮游戏，每组改为3人，其他规则不变。

（成语：①顶天立地、对牛弹琴；②暗送秋波、闻鸡起舞）

（备选成语：回眸一笑、画饼充饥、呆若木鸡、负荆请罪、掩耳盗铃、因噎废食）

（5）思考：

①成功组：分享成功经验。开始是否出现过问题？如何解决的？

②失败组：采用了什么样的传递方式？是否在第二轮以后调整了传递方式？效果为何不明显？

③讨论商量、调整传递方式的时候也是沟通的过程，在这个过程中，你是如何做的？别人如何做的？

④生活中不是经常出现"误传"与"误解"吗？游戏给你带来了怎样的思考与启示呢？

教师现场采访：

（1）游戏的人数变化对游戏有什么影响？

（2）如果在游戏过程中允许发出一点声音会怎么样？

（3）你如何看待"闻鸡起舞"与"大鹏展翅"这样的信息误传，生活中是否有类似的误解？

学生讨论交流

"成语密码"活动的启示与收获：

学生代表自由发言，最后班主任给出事先归纳好的启示。过程中，学生的发言非常到位，不仅涵盖老师归纳的内容，而且有补充。

教师小结：

（1）单向交流的方式（单一、封闭的环境）不能获得满意的结果，因此在人际交往中，真正的有效沟通必然是双向交流。

（2）沟通中既要正确地理解他人的意图，也要准确地表达自己的意图。

（3）商量、调整传递方式的过程也是沟通的过程，在这个过程中，冷静倾听、尊重他人非常重要，同时应看到别人的优点、优势。

课后组织发言优秀的学生整理出发言稿，张贴在教室文化墙上。

一个小小的游戏让我们直接感受到沟通的重要性，也激发了我们在为人处世过程中主动交流的渴望。接下来，就让大家尽情交流，借助相互沟通，在班级中寻找一位你的"有缘人"。

活动2：寻找有缘人

活动要求：

（1）根据"寻人信息卡"上的信息，在5分钟内找到具有该特征的人，简单交流后签名。

（2）交流"寻人信息卡"，看看谁的签名最多。邀请几名同学全班交流

（包含签名最多的和某一特征签名最少的）。

（3）请具有同一特征的人站一排相互交流，谈谈你们发现相互共同点的感受。

学生开始活动，可以下位走动，在班内自由寻找相关同学，交流信息。

学生互相交流信息

活动结束，进行思考与表达共享，班主任引导提问：

（1）你是怎样尽可能地填完表格的？

（2）两个月的班级生活对你的填表有影响吗？

（3）进入高中两个月，你还感到孤单吗？是否在这个过程中新发现了拥有同类特征的朋友？

（4）了解认识班级同学们彼此的世界，对你的人际交往有何影响？

（5）全班同学进行充分的沟通了解有何长远意义？

（6）你认为生活中应怎样更好地沟通？

学生发言，谈论自己在活动过程中的感受与收获。

班主任展示学生在平时日记中对交流沟通诉求的心声（PPT文字展示）：

（1）虽然已经开学6周了，还有很多人都没有讲过话，而且感觉自己内向了，没有主动去跟别人交流过，生怕自己的一点行为会被人讨厌，感觉自己的存在感微乎其微。其实我很羡慕矿哥，无论怎样他都笑眯眯的，很开心，希望自己也可以快乐一些！

（2）对人敞开心扉是件困难的事，又常常纠结于此，想是否时机未到，想这个人是否值得我吐露心声，越想便越郁闷，抱怨自己与人交往了这么久，还未找到知己。

（3）有时候很想倾诉，就是找个人扯过来大吐苦水，但是又不知道找谁。3个最亲密的人分别去了深圳大学师范学院附属中学、深圳市高级中学。甚至想过，只有我一个人在红岭的山风里凌乱。这1000多人，竟没有一个可以像他们3个那样，和我一起看日出日落，扯过去未来，聊人生理想。我遇到了一个幼儿园小朋友才会有的难题：怎么交朋友哇……

借助学生们在日记中的问题，班主任号召大家进行合作总结，请各个小组进一步讨论，给出沟通之路上的建议。学生讨论并发言。

"寻找有缘人"活动的启示与收获：

（1）做一个好听众。

（2）学会换位思考。

（3）有豁达宽广的胸怀，少计较。

（4）克服偏见，摘下有色眼镜。

（5）敞开心扉，积极主动地表达自我。

（6）说话讲究温度。

活动3：情感传递

活动要求：

在发下去的书签或明信片上写上几个关键词，以凸显你的特点和个性，送给班里一位你不太熟的同学，让他能更"懂"你的另一面。

班主任课堂总结并对学生与班级发展提出期望：

相信我们全班同学通过多向沟通交流，一定能发现共同的特征和目标，一起携手同行，相互勉励，志存高远，少年心事当拿云！

【课后总结】

1. 整节课学生们都很兴奋活跃，对每一个活动的感悟发言都很丰富全面，"寻找有缘人"环节能主动下位去参与交流。

2. "成语密码"环节规则的说明还需更清楚一些，有一个小组因为不清楚规则而耽误了时间。

3. 整节课包括三个活动，根据实际情况，第三个活动可留作课下作业进行，并在下一节班会课上稍作评点。在"成语密码"环节可以根据班级学生的实际情况，挑选难易适度的成语。在制作"寻找有缘人"信息卡时，可以充分结合班主任平时对学生的调查了解，并在活动开展期间有意识地指引学生多向交流，主动询问。

"寻找有缘人"表格模板

序	特征	签名	序	特征	签名
1	穿39码的鞋		23	超级喜欢历史	
2	有明显白头发		24	每一科都有错题本	
3	体重不足42公斤		25	想报考外地大学	
4	4月出生		26	理想是当医生	
5	11月出生		27	未来想从事经济金融类工作	
6	不是广东省户籍		28	未来有读研读博的打算	
7	去过北京		29	崇拜某位科学家	
8	去过国外		30	更喜欢听轻音乐	
9	很会打乒乓球		31	喜欢周杰伦的歌	
10	擅长游泳		32	喜欢画画	
11	早上会去晨跑		33	练过书法	
12	平时常去爬山		34	更喜欢红色	
13	爸爸/妈妈是教师		35	喜欢鲁迅的书	
14	与父母经常闹矛盾		36	喜欢沈从文的书	
15	与父母关系很和谐		37	读过《文化苦旅》	
16	当过志愿者		38	没有智能机	
17	参加过爱心捐款		39	周末几乎不用智能机	
18	补过牙		40	家到学校超过2小时	
19	校运会获过奖		41	理三科为特别强项	
20	家里养了小动物		42	中考426+	
21	不是独生子女		43	经常被各科老师表扬	
22	超级喜欢物理		44	会制定时间任务规划表	

（深圳市福田区红岭中学　王冲林）

认识自己，悦纳自己

【推荐理由】

心理学认为人的潜能是有差异的，每一个人都有长处和不足。然而，生活中常有人只看到自己的优点和长处，看不到自己的弱点和不足；也有人常看到自己的很多问题，而看不到自己的长处。对自己的认识和人对客观世界的认识一样，需要一个了解和学习的过程。可见，正确认识自我也是一种本领、一种技能，需要学习和讨论。

"认识自己，悦纳自己"主题班会

【适用年级】

高一年级。

【班会背景】

高一年级学生刚刚跨入高中，进入新的学习和人生阶段。孩子们有着强烈的自我概念，但也存在骄傲或自卑等不恰当心理。同时，根据心理学的"重要他人"理论，高中阶段的孩子十分在意别人的评价。所以，在这个阶段学会正确地认识自己和看待别人的评价显得尤其重要，这将是孩子们人际交往的关键。

【班会目标】

1. 高中学生在成长过程中总会碰到许多困难和挫折，他们会因此产生过度自负或过分自卑等消极心理，甚至引起一些影响个人健康成长的心理问题。帮助学生认识每个人的独特性，学会正确看待自己的优点与不足，能虚心接受不同的意见，不断完善自己，促进自己更好地成长。

2. 正确认识自己，正确看待他人评价，树立积极向上的个人价值观，以积极健康的心态面对成长中的困难和挫折。

3. 培养学生分析、调整自我的能力，防止消极否定自我对个人成长的不良影响。

【活动方法】

讨论分析、心理自述、游戏活动、自主探究、小组交流。

【课前准备】

PPT课件、A4卡纸若干、小贺卡若干。

【设计思路】

本节班会课紧紧围绕四个问题"我是谁？→知道我是谁重要吗？→如何正确认识自己？→做怎样的自己？"来设计班会活动和游戏，具体思路如下：

1. 视频导入，激发学生的学习兴趣，引出班会主题。

2. 一句话介绍自己，初步了解学生对自己的认识与评价。

3. 对比凤姐（网红）和黄美廉（残疾人、艺术博士）两个认识自我的个案，明白正确认识自我的重要性。

4. 游戏——手指中的我。

5. 探究活动——小君的困惑。

6. 游戏体验活动——自信卡、大声说出我自己。

7. 诗歌朗诵——我就是我。

8. 课堂总结。

【班会实录】

1. 视频导入

观看《武林外传》中的节选视频。

2. 教师引出话题

"我是谁？请用一句话介绍自己（包括优缺点）。"

教师示范：我是Christine，我活泼，热情，开朗，性子比较急，有时候容易生气。

设计意图：师生互动，引出话题，帮助学生认识自己。

3. 认识自己的意义

（1）将号称"六百年没有人超过我"的凤姐和患有脑性麻痹但却正确认识自己天赋，顽强不息的美国加州大学艺术博士黄美廉进行对比。

（2）讨论分析"认识自己"的重要意义。

设计意图：通过材料，学生会发现凤姐没有正确认识自己，引来了谩骂。黄美廉正确认识自己，从而积极乐观地面对生活。由此小结，知道"我是谁"很重要，可以促进自我发展，促进与他人的交往。

4. 游戏：手指中的我——探索正确认识自己的方法

将自己的左手描绘在纸上，抄下问题，填写你的答案。

将自己的右手描绘在纸上（感觉困难的话，可以请求别人帮你描绘），邀请小组内任意一人填写他眼中的你。看到别人对你的评价，你有什么感受？

设计意图：手是自己最好的代表，手指有长短，人也有优缺点。通过两只手的对比，教会学生可以从自己和他人眼中来认识自我，两只手合在一起，才能形成全面、客观的评价。

5. 探究活动

小君的困惑：不同的人对"我"的评价不同，怎么看待这些不同？

设计意图：通过小组探究，让学生学会客观冷静地对待他人的评价，可以通过用心聆听、勇于面对、平静拒绝等方法。

你赞同小雨对小君的评价吗？

设计意图：人不仅要学会正确认识自己，同时要懂得欣赏他人。怀着愉悦的心态，去发现、感受与吸纳他人所表现出来的优美和可爱之处。

6. 游戏体验活动：自信卡

用欣赏的眼光找伙伴的优点，并将自信卡送给自己的朋友。

找同学的优点

设计意图： 通过游戏引导学生自己去体会身边同学的优点，从而帮助学生正确认识自己的优点，树立自信。

7. 游戏体验活动：大声表扬我自己

同学们围成一个圈，教师带头示范句型："我很棒，因为我……"随后教师任意说出一名同学的名字，点到的同学需要用"我很棒，因为我……"这个句型来说出自己的优点。

设计意图： 通过游戏引导学生发现自己的优点，相信自己是独一无二的，愉悦地接纳自己，学会为自己喝彩。

8. 诗歌朗诵

我就是我

汪国真

每一个春天　都是送给花朵

每一个机会　都是送给你我

每一个明天　都靠今天把握

每一个成功　都蕴含着执着

我就是花朵　在春光里开放

我就是我

在追求中显出生命的本色

9.教师总结：认识自己，悦纳自己

人生总有缺憾，最大的就是和别人比较。与高人比较，使我们自卑；与下人比较，使我们骄傲。外来的比较是我们心灵动荡不能自在的来源，也使得大部分人迷失了自我，屏蔽了自己的心灵原有的馨香。实际上，任何人都不可能完美无缺，人人都有优点和缺点，每个人不应该因缺点而怀疑自己，也不要因优点轻视他人。你是这个世界上独一无二的一个，所以要充分认识自己，让自己扬长补短，散发独特的个人魅力。

【课后总结】

1.整节课学生们表现非常好，积极参与活动的每一个环节。看视频的时候专注、认真，教师的每一个提问都能答到点子上，回答相当精彩。

2.在画左手和右手这个环节的时候，大家都在安静思考，评价自我和评价他人，每名学生都做到了善于发现别人的优点。这个环节使同学之间的友谊更加深厚，彼此的感情更浓了。

3.本堂课有一点遗憾的是，为了给更多学生发言和展示的机会，最后两个活动稍显仓促。

4.纵观整节课学生的参与度和表现，德育目标达成。学生们都做到了认识自己，悦纳自己，且变得更加自信。

【操作提示】

整节课活动丰富，在上课的时候要注意各个环节的时间把控。此外，在送小贺卡的时候要引导好学生，安排好送卡的对象，避免造成受欢迎的学生收到很多自信卡，而有些学生收不到卡的尴尬场面，这样整堂课的教育作用就适得其反了。

（深圳市福田区红岭中学 何晓炼）

高二年级主题活动班会

精于心，匠于行——一张白纸提升学习力

【推荐理由】

　　高二阶段的学生对学校已经不再有高一的新鲜感，又尚未面临高考，没有高三的紧迫感和学习的压力。所以，在学习态度上容易出现懈怠、学习动力不足的情况。有的学生由于缺少正确的学习方法，虽然努力，但是看不到成绩上的明显提升，容易造成挫败感，降低自我效能。本次班会的目的就是要解决上述问题。

学习中的学生

【适用年级】

高二年级。

【班会背景】

　　在开展班会前做了一次问卷调查，普查学生现阶段出现的困惑或遇到的困难。而且在上一节班会，学生已经开展了关于生涯彩虹图相关内容的活动，对自己的人生总体发展趋势有一定的了解。

【班会目标】

端正学习态度，体验学习方法，提升学习能力。

【班会时间】

40分钟。

【重点难点】

重点：端正学生的学习态度，学习一种学习方法。

难点：解决学生因学习方法不对或不会用科学的学习方法促进自己学习，提高学习成绩的问题。

【设计思路】

导入：生涯彩虹图。

活动一：端正学习态度。

猜猜图上是谁？区分被动者与积极主动者，给出积极主动者的依据，并思考自己的人生使命。

活动二：你想成为怎样的高中生？

通过一起学习"白纸上的极简学习法"促成学生行动，并指出如何学得又快又好。了解费曼学习法。学生之间分享与总结。

【班会实录】

（一）导入：生涯彩虹图

理解：①人生不同阶段扮演不同的角色；②每个阶段都有各自不同的任务，前个阶段的任务完成是为下个阶段做准备。③高中阶段最重要的角色是"学生"。在孩童时期你学会了基本的是非对错，在学生的下个阶段你将建立家庭，有自己的孩子，创下自己的一番事业。不管曾经的你是否足够努力学习，现在的你是曾经的付出与努力创造的结果。同样，未来你的生活怎样也依赖于你现在做了什么，怎么做。所以，每个阶段都有各自不同的任务，前个阶段是为下个阶段打基础。

（二）活动内容

活动1：端正学习态度

（1）猜猜下图是谁？"你看到的世界实际上是你想要看到的"，体会每个人都有选择的能力。

猜图游戏

（2）区分被动者与积极主动者。被动者与积极主动者的区别。想象一下，你一直在苦苦思索，别人5分钟做出来了，你花了半小时还没做出来，你会有什么反应？笔一扔，我以后再也不学物理了，怎么这么难。有的先做点其他作业，换换脑子，一会儿回来再想。同样的一件事情，不同的人却有不同的反应。被动者把情绪的遥控板交给了别人，并说道：只要你愿意，随时都可以控制我的心情。积极主动者紧紧地抓住这个对外界努力的能力，并且通过自己的选择去影响可能会带来的结果。

（3）积极主动者的依据：为什么？因为他们知道生命不是取决于感觉，而是你能为社会带来多大的价值。你的生命的意义由你自己书写，而不是由周围的环境来书写。

活动2：你想成为怎样的高中生

（1）请选择一张卡片代表你期待的自己或你想打败的自己。

（2）利用卡片向你的同伴介绍你期待的自己或你想打败的自己，同时收集同学的看法，不限你采访了多少人，重点在于快速收集到关于你的信息。

（3）你有3分半的时间，音乐停止后开始分享。

（4）整理好你的信息，从这些信息中概括自己并确定自己的高二目标。

1. 设计目的促成行动：白纸上的极简学习法

画框架、写主题。（第一组写出你们实现目标中的困惑或问题）

写Q1、Q2、Q3。（第二组写出关于主题你们想知道的三个问题，按优先次序排出，问题最多写三个；问题少用"What？How？Why？"表示）

写解决方案，分享感受与点评。

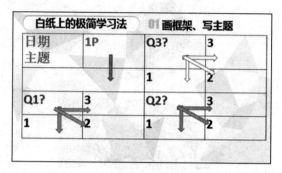

画框架、写主题

2. 如何学得又快又好

学习金字塔是美国缅因州国家训练实验室的研究成果，由学习专家爱德加·戴尔于1946年提出。它用数字形式形象地呈现：采用不同的学习方式，学习者在两周以后还能记住的内容（平均学习保持率）有多少。

"金字塔"从上往下列出了听大课、阅读、多媒体、现场示范、讨论、践行、教别人七种学习方式，学习效率也依次从5%递增到90%。

隐性知识是显性知识的对应概念。显性知识指的是可以通过文字、图表、公式、手册等表述的知识，这些知识很容易在个体之间传播。隐性知识则是一种策略性的元知识，是"如何利用知识解决问题"的策略，是个人信念、看问题的视角和价值体系等自己都没有觉察的隐性要素，只能是经验总结。正如好演员的镜头感、好文章的临场感，只能靠感觉。高手和一般的学习者的差异就是调用隐性知识的能力。

物理学家费曼经常使用的方式：当他学习某样东西的时候，尝试教别人，且用最简单的方式教会别人。

受到费曼技巧的影响，我们在看《时间简史》的时候，会发现整本书只用了$E=MC^2$一个公式。

那么，费曼技巧怎么操作呢？

费曼技巧

注意：不要用术语，使用自己的语言。假如你还在用生僻词汇，或者讲不清楚概念，其实就是你没有真正理解——试着简化语言，或者打个比方，让自己真的明白。

讲授"费曼技巧"

3. 分享与总结

独立思考是基础，共同进步是追求。本次班会完成了建立高二目标、习得主动积极的态度、掌握学习技能、强化学习能力的任务。

对你自己的内心认真考问，学会用适合自己的方法，通过行动打造更好的自己，看着自己一点点变得更好。

让我们一起精于心，匠于行，不在学习的路上就在学习提升的路上。

【课后总结】

1. 意识到班会课是解决班级问题、培养学生正确心态的重要阵地。

2. 本节班会课主题"精于心，匠于行"立足于端正学生的学习态度，鼓励学生调节自己的学习情绪，积极主动地学习。

3. 意识到从体验学习方法，共同学习，增进学生之间的沟通，体验学习中归纳总结的重要性。

4. "授人以鱼，不如授人以渔"，教师与其鼓励学生要努力学习，不如让学生不断地体验各种学习方法，帮助他们认识自己的学习风格，找到适合自己的学习方法。

【操作提示】

注意班会的完整性，注意课时的把控。在设计班会的时候不要将40分钟全部填满，需要留下机动时间。如果学生分享得多，就会让班会更加精彩，学生生成的内容中，只要有感悟、有参与就是好的班会。

（深圳市福田区红岭中学　张杏娟）

执行力与规则意识——提升行动力

【推荐理由】

1. 执行力是指愿意不断地学习、思考，养成习惯和动机，进而获得成功结果的行为能力。具有执行力的学生，行为的主动性高，不怕困难和挫折，相信自己。

2. 进入高二，学生迎来第一个"高原反应"，学习的主动性和积极性不够，有计划，无行动。

3. 班集体组建一段时间后，班级很多工作都成了班干部的工作，有些学生集体荣誉感不强，对班级事务比较淡漠，所以在守纪、学习、学校的各项集体活动中的凝聚力就不够强。

4. 通过"执行力与规则意识"这节活动班会课，不仅可以提高学生个人的执行力，还可以增进认识，拉近同学之间的距离，使同学们在共同完成一个任务的过程中领悟团队中每个人的执行力对团队都很重要，这对后期班级自主管理和班主任工作有很大的帮助。

【适用年级】

所有年级。

【班会背景】

高二（2）班是特优班，学生们目标远大，胸怀大志，初中阶段多数都是班级的佼佼者，对自己的学习能力和行动力过于自信。进入高二以来，随着学习任务的加重，很多学生有力不从心的感觉，每天低效地忙碌，收获很少，甚至有些学生有了拖延症。

【班会目标】

1. 综合运用生涯规划、心理学等相关知识，引导学生对未来人生目标和人生价值进行理性的探索。让学生了解制定人生目标的重要性，明白规划人生的步骤，提升生命价值。

2. 使学生明确当前自身认识的局限性和行为的消极性，初步形成追求人生价值的意识，通过提升自己的执行力来践行自己的规划。

3. 通过"扫雷"活动引导学生尝试解决自己在学习生活中遇到的困难，提高学生对高考的理性思考，明确生涯规划的价值追求和践行的重要性。

4. 懂得沟通协调是提升团队战斗力的基础，责任和决心是团队必胜的重要保障。

【活动形式】

游戏、讨论、小品、视频观赏、情景模拟。

【课前准备】

PPT、视频、照片、小品、卡纸。

【设计思路】

1. 以学生学习生活中的困惑和问题为线索，引出拖延症这个话题，探讨如何治愈拖延症。

2. 活动1——制定我的目标，利用目标倒定法，写出自己的人生规划、高考目标、高二阶段的目标。（时间约5分钟）

3. 活动2——情景剧展示：买火车票的故事。（时间约5分钟）

4. 小组交流观看情景剧的感悟，引出执行力这一重要概念。

5. 活动3——小组合作"扫雷"，理解执行力习惯养成的重要性。（时间约5分钟）

6. 任务结束后由学生个体回答或小组派代表分享活动的启发与感悟。（时间约7分钟）

7. 活动4——小组合作完成七巧板拼图，理解团队合作的重要性。

8. 短片欣赏——动物给我们的启示。

9. 班主任简短总结并提出希望。

【班会实录】

（一）导课

明代思想家王守仁提出了"知行合一"的思想，引起人们反复探讨"知与行"谁先谁后的问题，墨子说"志行，为也"，意思是决定人生价值的不仅是要有美好的理想，更重要的是把意志付诸行动。

学生的行动力是指愿意不断地学习、思考。今天这节课，让我们通过学习与分享，提高自己和团队的执行力。我们会在本节课上评出最具执行力的个人和小组。

（二）引入：我怎么了

展示学生用便笺纸写下的自己的困惑和困难，贴在黑板一角。

师生一起分析这些问题，其实这些问题的核心都是拖延症。

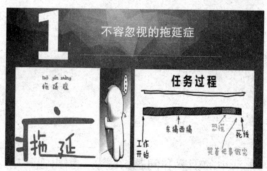

拖延症

统一认识：拖延症的治愈方法。

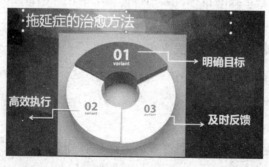

拖延症的治愈方法

（三）活动内容

活动1：制定我的目标

教师带领学生一起学习制定目标的"倒定法"，明确制定：

（1）我的生涯目标是什么？

（2）我的目标大学是哪所？

（3）要想考上这所大学，我的分数要达到多少分？

（4）我从现在开始应该做哪些努力？

小组每个人都完成自己的目标，先组内交流，然后每组推选一名组员进行分享。

活动1的启示与收获：

学生对人生规划和目标大学都有自己的想法，有些切合实际，有些需要努力才能达成。有的学生分享了自己选择目标大学的原因，有的分享了目标大学近几年的分数，还有的分享了目标大学的优秀校友，更多的学生则把自己可能达到的分数预期分享出来。

小故事的启示

一只猫严重地威胁着老鼠们的安全。于是，老鼠们就召开了一个紧急会议，商量对策。大家主意很多，个个都有独到的见解。有的说用诈败的战术将猫引到老鼠夹旁夹死猫；有的说用诸葛亮的火攻方法烧死猫；有的说可以用离间计挑拨猫和主人的关系；最后，有个智者表了态，它说："为了生态平衡，我们不能害死我们的天敌，否则，我们的机能就会退化，最好是趁猫睡觉的时候，在它的脖子上挂上一个铃铛。这样，以后只要听到铃铛的声音，我们就可以赶快逃跑，再也不怕被它抓到。"大家一致通过这个决议，但谁去给猫挂上铃铛呢？谁也不敢去，所以到现在，那群老鼠仍然被那只猫追得四处逃窜呢！

启示：执行力最关键。

活动2：学生情景剧：买火车票的故事

（1）故事概要

某公司要派10人去青岛参加一个展会，需要买火车票。老板派小刘去火车站买票，过了很久，小刘满头大汗地跑回来了，说："售票处人太多了，我挤了半天，排了3个小时才轮到我，但是窗口所有的火车票都卖完了。"老板非常生气，训了他一顿。他很委屈。

老板又派小张去，小张回来后回答：火车票是卖完了，但是我有几种解决办法，请老板决策：①买高价票，每张多花100元；②如果托人乘车，可将10人从火车站送上车，但是没有座位……

（2）情景剧引发的思考与讨论

①学生讨论，达成共识。

②执行就是有结果的行动，任务不等于结果。

活动3：小组合作"扫雷"

活动要求：

（1）每个小组任选一个角度，讨论如何"扫雷"。

（2）每个小组派出两名同学分享。

（3）每个小组准备时间3分钟。

（4）一句话陈述问题，三句话讲述对策。

小组合作"扫雷"

活动3的启示与收获：

如何提高个人的执行力。学生的分享：锁定目标，拒绝等待，消灭借口。执行前，决心第一，成败第二；执行中，认真第一，聪明第二；执行后，结果第一，理由第二。

活动4：小组合作拼七巧板

活动要求：

利用桌面的图形，拼出一个正方形来。

每个小组给的图案都不完全，缺少图案时可以找邻近的小组交换。

时间：7分钟。

小组合作拼七巧板

活动4的启示与收获：

如何提高团队执行力。学生分享，班主任总结。提高团队执行力，沟通是前提，知己知彼；协调是策略，擅用资源借东风；责任是关键，不做团队植物人；决心是基石，不破楼兰誓不休。竞争对手有时候也能成为共同进步的伙伴。

【课后总结】

本节班会课的目的已经达到，成功地让学生意识到执行力的重要性，初步掌握了提高个人和团队执行力的策略。以丰富多彩的活动为载体，学生边动手操作，边思考总结，然后以小组评比的机制促进学生积极分享。每个学生都很活跃兴奋，彼此之间的配合也很默契，很多学生的发言都非常精彩，让班主任刮目相看。

遗憾的是，对课堂生成性把握不够，学生在拼七巧板时组间合作没有充分展开，分享过程也因为时间紧没能充分展开。

【操作提示】

本节班会课中有三个活动和一个情景剧表演的设计，所以在课堂上要把握好时间，情景剧需要提前彩排一下，几个活动需要教师及时关注，不拖沓，也不能流于形式，否则无法很好地达成效果。在学生分享的过程中，教师要给出明确指令和时间要求。教师也可以根据现场情况，灵活安排分享的人数，做到收放自如。

（深圳市福田区红岭中学　刘雪艳）

有效沟通的方法——增强人际交往力

【推荐理由】

每名学生都是独立的个体，其价值观念和行为方式都不一样。他们一天中的绝大部分时间都要在同一班级这一狭小的空间中相处。这注定了会产生形形色色的人际关系。由于每名学生的差异，在人际交往中自然会产生或多或少的误会。这样的误会如果得不到妥善解决，将会影响同学之间的关系，进而影响整个班级的团结。

除了生生之间的关系外，学生还需要懂得处理与父母或其他长辈之间的关系。代沟不是不可逾越的鸿沟，我们可以通过架起沟通的桥梁，增进理解，从而让家成为温馨的港湾，不要因为缺乏沟通，而让港湾笼罩在阴霾之中。

作为班主任，与其事后调解，不如一开始就教给他们有效的沟通方法，让学生成为自己的主人，妥善处理好人际关系。这能够让班主任的工作达到事半功倍的效果。

关于沟通的班会

【适用年级】

高二年级。

【班会背景】

会计17（×）班是本校高二年级学风班风较好的班级。学生们经过一年多的相处，总体来说，大家的关系都比较和谐，但在平静的表面下，实际上也隐藏着一些不愉快的小事。在日常教学中不难发现，总有同学之间看对方的眼神不对劲，也有人向班主任反映，某某跟某某之间有矛盾。这引起了班主任的警惕，意识到他们在沟通上出现了问题。

【班会目标】

1. 通过撕纸小游戏提高学生的参与度。让学生了解到在日常生活的沟通当中，误会的产生是不可避免的。要对误会有正确的认识，为有效化解误会做好准备。

2. 通过对日常生活当中的不同情境以及相关的小故事进行思考讨论，让学生能够明确什么样的语言和行为容易导致误会，并能掌握正确的、有效的沟通方法。

3. 通过对整节课的学习，希望学生在学校与同学相处的时候，在家里与长辈相处的时候，能够多利用有效的沟通方法来减少误会的产生，改善身边的人际关系，让生活更加愉悦、更加幸福。

【课前准备】

人均2张A4纸（为了节约用纸，用的是平时多余的练习卷）；按桌椅摆放进行分组。

【设计思路】

1. 学生听从教师的指令，进行两轮撕纸小游戏。（时间约10分钟）

2. 游戏结束后，请学生谈谈感想，再由教师进行总结。（时间约5分钟）

3. 教师针对学会倾听、学会说话、换位思考三个方面从生活中寻找不同的情境，既有学生与学生之间沟通的例子，也有学生与长辈之间沟通的例子。学生作为旁观者，对这些情境进行思考讨论并请部分学生发表自己的看法。教师在这个过程中边引导边总结。（时间约25分钟）

【班会实录】

第一部分

游戏环节：撕纸小游戏

第一次游戏，教师发布以下指令：

请大家拿起课桌上的A4纸。

请大家闭上眼睛，游戏过程中不能睁开眼睛。

注意，游戏过程中不允许开口提问题。

首先，把纸对折。

第二次对折。

第三次对折。

其次，把右上角撕下来。

把纸旋转180度，再把左上角也撕下来。

请大家睁开眼睛，把纸打开。

请大家展示自己撕的纸。

当学生睁开眼睛，看到其他同学撕的纸，发现撕出来的纸有很多种不同的形状，学生便开始议论纷纷，"你怎么撕出来的是这样的呀？""难道是我撕得不对吗？"这些都在教师的意料之中。

教师开始引导第二次游戏。第二次游戏与第一次游戏发布的指令大致一样，只不过第二次游戏允许睁开眼睛和提出问题。在教师发布指令的过程中，有些学生就有疑问，提出"对折是上下对折还是左右对折？""旋转是顺时针旋转还是逆时针旋转？""折痕是摆在上面还是下面？"等问题，教师根据学生提出的问题，补充自己的指令。当游戏结束后，学生打开撕的纸，仍然发现会有不同的形状，不过第二次游戏的形状相比第一次统一得多，有更多的学生撕出来的形状是一样的。

教师提问："在游戏过程中，老师发布的指令都是一样的，为什么大家会撕出不同的图案？"

学生A发表感悟说："在第一次撕的时候，老师发布的指令虽然是一样的，但是大家对指令有不同的理解，有的同学认为对折是左右对折，有的同学认为是上下对折，有的同学甚至左右不分，左上角、右下角分不清楚，就导致撕出来的图案有很多种。在第二次游戏的时候，老师根据我们的问题做了很多提示，我们也就更清楚怎么去折，怎么去撕，撕出来的结果就更加统一。但是还有部分同学不一样，可能是因为他们没有听清楚吧。"

教师总结："让大家玩这个游戏，其实是想告诉大家一个道理，我们在日常生活中与别人沟通的时候，往往跟这个游戏一样。你说了某句话，想表达这样的意思，但是别人可能理解成别的意思，这就产生了误会。从这个游戏当中，我们可以看到，不管我把指令说得多清楚，也会有同学撕得不一样，这就告诉我们，误会的存在在所难免。但是我们又应该看到，我尝试着跟大家解释得更清楚一点，也就有更多人撕得一样了，这说明误会是可以减少的，而要减少误会需要我们进行沟通，把话说得更清楚一点。"

教师进一步分析误会产生的原因及进行有效沟通的重要性。

误会产生的原因：一是受表达者在表述时表现的影响；二是受倾听者价值观念的影响。

掌握有效沟通的方法，能够减少误会，从而改善人际关系。

第二部分

教师介绍有效沟通的方法：学会倾听、学会说话、学会换位思考。学生参与讨论。

1. 学会倾听

上帝为什么在我们脸上装一个嘴巴的同时，还要在脸的两侧装两只耳朵？——学会倾听

情境一：班会课上，班长在认真地给大家布置运动会的任务分工，此时，小明同学或东张西望，或在座位上翻箱倒柜，不知道在找什么东西，还跟身边的同学讲悄悄话，等到班长布置完任务问大家"清楚了没有"，小明"啊"的一声，说了一句："我什么都没听到，怎么就讲完了？"

问题讨论：小明是不是一个合格的听众？如果不是，他有哪些地方做得不对？你觉得一个合格听众的表现应该是怎样的？

用心聆听应做到以下几点，①眼睛：自然的眼神接触；②表情：配合内容的专注表情；③动作：身体面向说话者；④语言：适度简短的回应。

2. 学会说话

小故事：

小王请了甲、乙、丙、丁4个人吃饭，临近吃饭的时间了，丁迟迟未到。

小王着急了，一句话就顺口而出："该来的怎么还不来？"甲听到这话，不高兴了："看来我是不该来的。"于是就告辞了。

小王很后悔自己说错了话，连忙对乙、丙解释说："不该走的怎么走了？"乙心想："原来该走的是我呀！"于是也走了。

这时候，丙对他说："你真不会说话，把客人都气走了。"小王辩解说："我说的又不是他们。"丙一听，心想："这里只剩我一个人了，原来是说我呀！"也生气地走了。

从上面的故事中，你得到了什么启示？

感悟：一个人要说话不难，但想与他人沟通不产生误解，光能说话还不行，还得会说话，把话说得体。

小调查：

情境二：你和好朋友每天约好一起坐公交车去上学，可是他磨磨蹭蹭的，错过了公交车，结果两个人都迟到了，受到了老师的批评。

（1）这种情况下，你对朋友说过什么？

A.这都怪你，都是你的错。

B.我想这事我们都有责任，我们不应该互相责怪。

情境三：你的同桌经常问你很简单的数学题。

（2）这种情况下，你对同桌说过什么？

A.哎呀，这么容易的题目你都不会，你真笨。

B.这个问题其实不太难，我给你一讲也许你就懂了。

感悟：我们在有意无意间，经常会像A选项一样脱口而出，但如果我们能像B选项一样更讲究说话的方式，相信我们与他人的沟通会更有效，相处会更和谐！

3.换位思考

子曰："己所不欲，勿施于人。"

——孔子《论语》

情境四：小A看中了新上市的iPhone X，向父母提出购买要求，父母以价格太高为由拒绝了，小A很生气，连续几天对父母不理不睬。

情境五：小A向爸爸提出晚饭后到同学家做作业，顺便在同学家上会儿网。爸爸同意了，但要求他9点钟以前回家。小A想，现在已经7点半了，那么快就要回家，一下子发火了。

情境六：小A月考考了全班第一名，老师和同学们向他投来了赞许的目光，小A很高兴，回到家兴冲冲地向妈妈汇报，妈妈说："月考考第一有什么用，关键是期末考能不能考第一。"小A很失望，并暗暗告诫自己：以后什么事都不和妈妈说了。

你觉得小A的做法合适吗？如果你是小A，你会怎么做？

感悟：换位思考，多站在别人的角度，或许我们能更理解他们的一些做法。其实，他们的出发点都是为了我们好，可能他们的方式我们并不是很喜欢，但是良药苦口，忠言逆耳，没有谁有义务一直照顾你的感受，反而那些谄媚的人都是猫哭耗子假慈悲，或者无事不登三宝殿，千万不要被甜蜜的谎言蒙蔽了你的双眼，也不要辜负了真正为你好的人的一番良苦用心。

对以上情境的思考与讨论，引起了学生的共鸣。有些学生在看到情境一时，就想到了自己平时也有类似的情况，意识到不仅对别人不尊重，而且经常误事。

在小调查中，发现很多学生都说过类似的话，但是没有意识到这样说话会带给对方不适。很多时候你以为你是在开玩笑，但别人可能会误会，认为你真的是在嘲笑他、责怪他，无意间就破坏了同学之间的关系。

印象最深刻的是，在情境四、五、六的讨论当中，学生B提出了非常有见地的看法。学生B是一个无心学习、上课睡觉的差生，但在对情境四的感悟当中，他说父母不给小A买手机，是担心小A出现攀比心理，也担心如此贵重的手机，小A保管不力导致遗失，甚至被小偷盯上，威胁到小A的人身安全。对于情境五，学生B说父亲是担心夜深了，小A年纪尚小，太晚回家会有危险，也担心小A玩物丧志，痴迷网络。对于情境六，学生B说虽然他不是一个好学生，但他知道小A的母亲是担心小A过于骄傲，导致成绩退步，是在给小A敲警钟。学生B的回答赢得了全班同学的喝彩，纷纷致以热烈的掌声，我也对学生B刮目相看。

【课后总结】

教师对课堂的掌控还需提高，没能让更多的学生参与进来。在游戏的过程中，没有给予学生充分的机会展示撕出来的图案，比较匆忙。在讨论环节，看得出来仍然有不少学生想发表自己的看法，比较遗憾的是时间不足。

整节课学生都很配合教师，在游戏的过程中，都很踊跃地提出自己的疑问，在讨论环节中，又能够大胆提出自己的看法。学生显然有不少的收获，希望他们在今后的日子里，可以举一反三，更好地处理人际关系，收获幸福的人生。

【操作提示】

折纸、撕纸过程中，教师应该控制节奏，不要过于着急，让学生有充分的时间去思考和操作。游戏结束后，让学生仔细观察撕出来的结果，并引导学生进行思考，将游戏结果与误会的产生联系起来。

以上所提到的几个情境都是学生身边出现的实际例子，教师为了得到更好的课堂教育效果，可以从所教学生的实际情况出发，选择合适的例子替换。

（深圳市福田区华强职业技术学校　夏毓林）

齐心协力，团结共进

【推荐理由】

1. 针对高中学生的年龄特点和心理发展需要，设计班会课教学环节，提升学生的集体荣誉感和班级凝聚力。

2. 集体荣誉感和班级凝聚力是班级建设的核心，一个成功的班集体应该是师生之间相互理解、相互配合，有良好的学习气氛，让学生有归属感的班集体。

3. 在集体荣誉感和班级凝聚力的形成过程中，通过主题班会可以加强同学之间的沟通，增进同学之间的感情，对集体荣誉感和班级凝聚力的建设有很大的促进作用。

【适用年级】

所有年级。

【班会背景】

高二某班是一个重点高中普通班。在平时的学习生活中，集体观念不强，经常有人不升旗、不做操。集体活动总是班级的固定几个人参与，其他人则是漠不关心。

【班会目标】

1. 让学生明白相互信任与合作是发扬团结精神的前提。

2. 让学生学会相互信任与合作，能够齐心协力，共同进步。

3. 在生活、学习中发扬团结合作的精神，培养团队意识，提高班级凝聚力。

【活动形式】

团队游戏，交流、感悟和总结。

【课前准备】

1. 游戏分组：全班学生分为6个组，每组选1名组长。

2. 准备活动用具：碗、瓜子、杯子、6支筷子、乒乓球等。

【设计思路】

1. 通过游戏，让学生明白团结合作的重要性，体验团结与合作带来的巨大力量。

2. 通过体验说出自己的感悟，反思自己平时的行为，从实践中获得团结合作意识，提升严于律己、关爱他人、团结互助的集体荣誉感。

【班会实录】

（一）情境导入

播放歌曲《相亲相爱一家人》，出示班级合照。

教师：同学们，我们这个班集体就是一个温暖的大家庭，希望通过今天的活动让大家团结起来，一起营造一个齐心协力、团结共进的班集体。

请同学们说出生活中团结合作的例子。

学生回答：蚂蚁搬家、蜜蜂采蜜、狼群捕猎。

教师总结：像蚂蚁、蜜蜂这些群居动物就是这样彼此之间相互关照、团结合作，才能让自己生活得很好，并且让自己的种族能够顺利繁衍生息。

牛刀小试

首先，每组的桌子上有一碗瓜子。现在请每组派1名同学来做一个抓瓜子的小游戏。按老师的要求尽全力把瓜子分别抓进杯子里。第一次用一根手指来抓，第二次用两根手指来抓……最后，用一只手抓。

教师：瓜子抓完了，请同学们告诉老师，哪种情况下抓的瓜子最多？哪种情况下抓的瓜子最少？从中我们可以得到哪些生活的启示呢？

学生：5根手指抓得更多。给我的启示是人多力量大，在班级活动中应该有更多的同学积极参与进来，才会让我们的班级越来越好。

教师总结：通过游戏我们知道，在很多事情上一个人的力量往往是不够的，只有大家团结起来，齐心协力，才能更快更好地完成任务。这也是今天老师想要向大家传达的主题：齐心协力，团结合作，共同进步。

（二）游戏环节

教师：接下来，让我们继续通过游戏来体会齐心协力、团结一致的重要性。这个游戏叫极速快递。

游戏一：极速快递

游戏规则：请每组4名同学站成一排，每人伸出一根手指，举到肩膀的高度，然后老师把一根筷子放在4名同学的手指上，最后请4名同学在手指都不离开筷子，并且筷子不掉的情况下，把筷子成功运送到指定地点。运送成功并用时最少的小组获胜。注意整个过程不能用其他手指或身体其他部位接触筷子。这是一个考查团队成员协调合作能力的游戏。

教师：请6组分别派出4名同学进行游戏。

每一组的4名同学都做得很不错，请冠军第三组跟大家分享一下你们成功的经验。

学生：我们先选了4个身高差不多的同学，然后两两面对面站好，由李同学发号口令，步调一致向前走，保证速度一致，筷子就不容易掉落。

教师：有点可惜，第二组的4名同学失败了，请4名同学总结失败的教训。失败不怕，只要我们总结经验教训，下次肯定会成功。请你们也总结一下失败的原因。

学生：我们太想获胜了，所以有点急于求成，前面的同学快速向前，后面的同学没有跟上，筷子就掉了。通过这次失败，我们知道了在需要大家合作完成的工作中，一定要先协调好，要互相关照，同步向前。

教师总结：大家总结得很好。这个游戏主要考查大家的合作配合能力，大家彼此信任、团结合作就容易成功，只靠个人英雄主义单打独斗是很难成功的。

游戏二：同心桥

教师：刚才已经有同学参与了游戏，但是还有一些同学没有体验挑战的机会。下面就让大家一起来参与游戏挑战吧。

游戏规则：每组所有同学每人手拿一本书微卷成弧形，书书相连搭建同心桥运送乒乓球，桥长5米，全组书长不够5米时需要前面的同学不断补到后面。注意，乒乓球从起点运到终点，中途不能掉落，时间4分钟，运送乒乓球数量多的组获胜。

教师：现在，就让我们6个小组来比一比，看哪个小组配合得最默契，哪个小组的团结合作能力最强。

游戏做完了，刚才获胜的小组传授一下成功的秘诀。

学生：我们小组有9个人，我们把做事最稳健的张同学放在第一个，其他同学的书依次压一点边往后排好有一点向下的坡度，每个人两手托书保证平衡。

乒乓球向下滚动的速度不能太快，否则容易滚到地上，所以后面的同学要用书的坡度控制乒乓球的速度，而前面的同学要迅速移动到后面把桥连接好。整个过程我们小组成员之间团结合作、互相鼓励、互相帮助，顺利地完成了任务。

教师总结：知道老师为什么把这个游戏叫同心桥吗？这个游戏要想取胜，必须依靠同学们同心合力。通过游戏，老师相信同学们已经深刻体会到团结合作的重要性。

（三）讨论交流环节

教师：刚刚通过游戏，我们都知道了团结合作很重要。那么，在我们的日常生活中，有哪些是需要我们大家团结合作才能做好的事情呢？

学生：周四大扫除的时候需要大家分工合作，才能在短时间内把教室打扫干净。

学生：自习课时，大家一起遵守纪律，保持安静也是一种团结合作。

学生：运动会入场式需要大家团结合作。

……

教师：那同学们想一下有没有哪些行为是与团结合作精神相违背的呢？

学生：不参与大扫除，溜出去打篮球。

学生：乱丢垃圾，导致班级扣分。

学生：不参加班级集体活动。

（四）总结延伸

俗话说，"众人拾柴火焰高"。通过游戏和对以前行为的反思，老师相信大家已经深深理解了团结合作的重要性。希望在以后的学习、生活中大家都能继续发扬团结协作的精神，真正实现齐心协力，团结共进。

相信通过今天的班会课大家都有很大收获。最后让我们以一首《众人划桨开大船》来结束今天的班会课。

【课后总结】

通过开展团队活动，让学生体会团结的力量和相互合作的重要性；通过体验、讨论和交流总结，让学生更进一步理解团队精神是做好班级各项工作的重要前提。在主题班会活动过程中，学生积极参与，相互配合，积极发言，大胆说出自己的感悟，学生们的表现非常优秀。通过主题班会的开展显著增强了学生们的集体荣誉感和班级凝聚力。

（深圳市福田区红岭中学　褚国婧）

高三年级主题活动班会

搭积木比赛——高三心理减压

【推荐理由】

高三年级学业繁重、考试频密，学生的学习压力与焦虑感较重。通过较为复杂的搭积木比赛，让学生们在游戏中体验"快、准、稳"策略的重要性，学会以平常心态坦然面对成功与失败。

【适用年级】

学习压力较大的年级。

【班会背景】

针对班级大多数学生日常做事毛躁，考场答题拖拉、失误多的问题，将高三每次月考前的班级动员例会设计成"搭积木比赛"的主题班会。目的是让学生在搭积木与抽积木的过程中，引导学生正确面对成功与失败，并将"快、准、稳"的活动感悟应用到高三备考中。

【班会目标】

1.通过搭积木比赛，让学生体会"快、准、稳"策略的重要性。

2.通过搭积木与抽积木比赛，让学生学会坦然面对成功与失败。

【课前准备】

选择适合高年级学生使用的有一定难度的积木。

【设计思路】

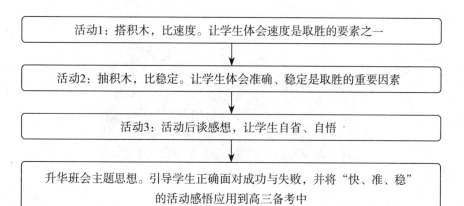

活动1：搭积木，比速度。让学生体会速度是取胜的要素之一

活动2：抽积木，比稳定。让学生体会准确、稳定是取胜的重要因素

活动3：活动后谈感想，让学生自省、自悟

升华班会主题思想。引导学生正确面对成功与失败，并将"快、准、稳"的活动感悟应用到高三备考中

【班会实录】

（一）课堂导入

师：同学们，再过一周我们就要进行月考了。今天的主题班会，我们来一场搭积木比赛。

学生鼓掌、欢笑，满脸期待。

（二）活动内容

活动1：搭积木，比速度

比赛规则：①全班分成6个组，每组7个人；②每组派代表将其他5个组的积木模型彻底打乱；③听到指令，各小组开始搭积木；④搭好的小组立刻大喊组号，要求搭好的积木要规整；⑤获胜的组，每人将赢得两颗巧克力。

明确任务后，各小组迅速交流完"快、准、稳"的搭建策略后，动起手来。

每个小组都非常专注于本组的积木，所有成员紧密合作、齐心协力。也有的小组边搭建积木边讨论下一步的调整方案。

最后，第六小组的同学因配合默契、动作最快，取得了冠军。小组成员每人获得两颗巧克力。奖品虽然很小，但是学生们成功的喜悦难以言表。

为取得比赛胜利而欢呼的学生

没有获胜的小组，脸上难掩失落（下图）。但是适量的失败体验，有助于提升学生的抗挫折能力。

没有获胜的小组的学生

活动2：抽积木，比稳定

比赛规则：①全班分成6个组，每组7个人；②每组派代表检查其他5个组的积木是否搭建好；③听到指令，各小组开始抽积木；④在相同时间内，积木未倒且抽出的积木块数最多的小组获胜，获胜的小组每人赢得两颗巧克力。

在活动1中未取胜的小组再次振作起来，跃跃欲试。大家小心翼翼地在搭好的积木中抽取一块块积木，好紧张啊……孩子们都无比的认真仔细。

认真抽积木，比稳定的学生

最后，第二小组以良好的心理素质赢得第二环节的冠军。

师：首先祝贺获胜的小组！其次为了弘扬未取胜小组内人人参与、团队协作的精神，奖励每名同学1颗巧克力。

原本失落的孩子们顿时开心地鼓起掌来。掌声不仅是因为有了小奖励，更是因为小组的团队精神得到了老师的肯定。

活动3：感言分享

师：激烈而振奋人心的活动结束了，现在请每组派1名代表谈谈活动感言。

代表1：通过活动我们懂得了做每一件事都离不开快速与稳定的作风。

代表2：活动拉近了同学之间的距离，非常好、让人非常开心。

代表3：在我们紧张的高三备考过程中，能够有这样的搭积木活动特别开心，活动能够帮助我们以一个比较放松的状态迎接考试。

……

升华主题班会思想：

师：同学们在今天的比赛中，认真专注、团结协作，充分体现了强烈的上进心与集体荣誉感。在两次比赛中，共有12个小组经历了失败的心理体验并能够笑对结果，老师真心为大家感到高兴！希望同学们都能够通过今天的游戏活动，将"快、准、稳"的做事策略转变为高三复习备考的一个策略，并以良好的心理素质与"快、准、稳"的姿态迎接即将到来的月考。

【课后总结】

整节课学生们都非常有序、专注，并不断调整比赛策略；学生们的心理状态伴随着成功与失败不断波动，最后师生共同总结出"快、准、稳"的做事态度与备考策略，真正实现了本节课在活动中受教、在快乐中提升的德育教育目标。

【操作提示】

1. 积木的选择要符合学生的心智年龄，要有一定的挑战性。

2. 没有条件购买积木的学校与班级，也可以进行如下活动设计。活动1：吹气球比赛。相同时间内吹出的气球最大的小组获胜。活动2：各小组将吹好的气球拦腰捆绑成哑铃型，完成数量最多的小组获胜。

（深圳市福田区红岭中学 高军丽）

聊聊高考那些事——放松减压，增强自信

【推荐理由】

高三是高中阶段的关键之年，学生在身心层面都承受了巨大压力。如何能行之有效地帮学生减压、确立目标，一直是困扰班主任的难题。本节班会创新之处在于，应用谈话法与学生深层次沟通，看似闲话家常，实则精心设计，层层递进，希望能为一线教师提供些许帮助。

【适用年级】

高三第一学期。

【班会背景】

进入高三，学生已经完成第一次模拟考试，也经历了情绪亢奋期，繁重的课业负担，摇摆的考试成绩，使不少学生困惑于对高三的认知与态度之中。为学生切实有效地疏导心理压力，正确认知高考的核心价值是本节班会的重点。

【班会目标】

1. 通过放松训练，为高三学生减压。

2. 通过故事串讲，疏导学生对于高考的认知，确立高考目标。

【重点难点】

重点：通过四个看似无关的高考回忆故事，串联起高三一年的核心价值与奋斗目标，达到减压疏导的授课目的。

难点：此次班会成败在于讲授人一身，对于故事选择、讲授方式、思路整合，必须清晰明了，把控好每个节点的节奏进程。用力过猛，显得过于刻意，容易流于说教；用力太轻，达不到预期设定，变成闲话家常，收效甚微。

【设计思路】

（一）开门不见山，顾左右而言他

笔者预想到学生对班会内容已做好预期——老师又要说教，如果直接进入主题，容易触发交流对抗。因此，先进行减压训练，通过冥想、减压操、及时采访、高考回忆四个环节，学生卸下了心理防备，让学生发现高考并不像洪水猛兽一样可怕，只是每个人必须经历的一个人生阶段。

（二）回忆链接，情感交融

第二阶段是本次班会成败的关键，笔者选择了四个片段式回忆进行硬核链接。

回忆一：迷茫的雪夜。每个人的高三都会有迷失，你一点也不孤独。

回忆二：勇敢的呐喊。高三临行出征前的勇敢，拥有会当凌绝顶，舍我其谁的霸气。

回忆三：紧握的双手。一切结束后的释然，结果并不重要，我们已经走到了终点，感谢最珍贵的自己。

回忆四：难忘的离别。高三的回忆，在于我们一起奔跑，感谢我们彼此的陪伴。若干年后，回忆往昔，依稀能看到当时的灿烂，淡然一笑，所有的苦都不记得了。

（三）核心剖析，价值升华

整合回忆，逐层递进式表述孤独、勇敢、坚持、我们四大终极主题。结合过往成功案例，给学生以积极的心理暗示，进入最后一个主题：希望。把班会推向高潮，鼓励学生用力奔跑，相信自己，相信希望，在最好的时光里，做最好的自己。

【班会实录】

（一）放松训练

师：上课前，请同学们猜猜老师今天想讲些啥？你可能想老师要喊口号，"高考加油！""同学们最棒！"你也可能想，老师想抚慰我受伤的心灵。其实都不是，老师只想让大家放轻松，最近压力有些大，很多同学闷闷不乐的，我新学了一套瑜伽操，现在与同学们分享。

老师带领学生做5分钟瑜伽操

师：放松完身体，还要放松情绪，我们来一个吐槽大会，你有什么学习生活中的小烦恼，今天一吐为快！

生1：学习压力太大，努力了，效果不明显。

生2：和同学关系有些紧张，很纠结。

生3：感觉缺少目标，劲头不足。

生4：王者荣耀掉星了。

师：听了大家的烦恼，我都心情不好了。前几天我在网上看了一个视频，是一群80后集体追忆当年高考的访问，我们看一下。

播放视频（5分钟），同学们认真观看。

师：被访问的那些人其实是我的同龄人，80后！现在都是为人父母的年纪，从他们的话语中没有听到埋怨、抱怨，更多的是一种释然，一种幸福。或者说他们与我们的青春已经和解了，所以今天只让大家倾诉，不解决问题，因为你们遇到的问题正是他们当年的问题。不用大惊小怪，这些只是你们成长道路上的小风波，如果哪天你顶不住了，把它安放到心里某个不为人知的角落，若干年后回想，其实也不是什么大事。老师也想与大家分享一下我的高考记忆。

（二）高考记忆

1. 迷茫的雪夜

师：这张照片漂亮吧，昏黄的路灯，长长的马路，白雪皑皑的城市，这就是我的家乡——哈尔滨。可能你感觉在这浪漫的雪夜里漫步是一种惬意，其实在老师的记忆里却不是这样。我那时也是22点下晚自习，可不是住校，每天都要沿着一条长长的马路走回家，一个人都没有。现在对于那条路的回忆好像只是孤单，我记得当时迎面而来的冷风，不知道未来是什么，不知道一年后的考试结果如何，我可能也有你们现在的困扰与烦恼，所以你们一点都不孤单，这条路只有走到终点才能看到未来。

2. 勇敢的呐喊

师：时间又来到了2015年，我带的第一届高三班，现在那帮熊孩子已经大四了。高三有一幕令我印象很深刻，6月1日学校会组织高一、高二向高三喊"加油"。我记得漫天飞舞的试卷和高三喊出的口号："学弟学妹不害怕，其实高三不可怕。"这是三军将士出征前的呐喊，那么自信而又勇敢，这是经历过一切后对学弟学妹的鼓励，高三其实也就那么回事，没啥大不了的。果然2015届高三学生创造了红岭中学历史上最好成绩。

3. 紧握的双手

师：这是2017年6月8日，我去高级中学监考，最后一科英语结束，我收完卷子，看到两个女同学紧握双手，没有狂喜狂悲，更多的是彼此鼓励。真的就这样结束了，我们走到了终点，还好当时没有放弃。这是一种释然，此时结果已经不重要，我们尽了最大努力，谋事在人，成事在天。

4. 难忘的离别

师：2018年6月5日，学校把每个班的最后一节课留给了班主任。当我嘱咐完所有问题放下粉笔的那一刻，我给孩子们深鞠一躬，说："这一年我伤害了很多同学，说话很过分，经常把你们骂得狗血喷头，但我希望你们不要恨我，不要恨陪伴你们三年的刚哥。如果再给我一次机会，我还会这样凶，因为我不允许你们的人生有任何意外。"

高考究竟是什么？

没有人因为考试赢得所有，也没有人因为考试输掉一生。

无论你考好考坏，老师们都在考场门口为你喝彩，爸妈都在等着你回家吃饭。

哪有一考定终生，人生处处是考场。

试卷是一张纸，未来才是一幅画。

高三是什么？

是"无惧前途坎坷，但求落幕无悔"的决绝。

是"最苦的事情，总有一天会笑着说出来"的释然。

是"你无数次跌倒后，仍要奋力爬起"的坚持。

我相信，无论是喜悦还是泪水，这一年都会是你们人生旅程中最美的回忆。

希望大家：

一生努力，一生被爱，想要的都拥有，得不到的都释怀。

感谢我们彼此的陪伴，高考加油！

14班必胜，同学们好运常伴！

（三）情感升华

师：最后，说说高考那点事。我经历过雪夜的孤单，也听过勇敢的呐喊，看到了紧握的双手以及和我最心爱的孩子们道别。最后我想谈谈我心中的高考，他更像一位老朋友，素未谋面却又久别重逢，我们一路风尘仆仆，走了十八年才跟他相遇。我永远记得去年的那个位置，有个小女孩也是这样看着我，她叫熙凡，不聪明，数学、物理学不明白，每次考试都很沮丧，深一模没考好，深二模也没考好。我总是鼓励她说一定可以，熙凡加油。我永远忘不了，2018年6月25日12点，我收到的一通电话就是熙凡打来的，她说她考了502分。我当时热泪盈眶，500分是一本线，她用一年的努力完成了一个艰巨的任务。这就是奇迹，所以老师从来都没有想过让你们考清华、北大，只是希望大家尽最大的努力，像熙凡一样努力向前奔跑，不管前方会遭遇什么，永远阳光灿烂，永远热泪盈眶，在最好的时光里，做最好的自己。

说说高考那点事

曾有一首歌，一直激励着我和你，现在我们一同唱起，为高三加油，高考必胜！

看昨天的我们走远了，在命运广场中央等待，

那模糊的肩膀，越奔跑越渺小。

曾经并肩往前的伙伴，在举杯祝福后都走散，

只是那个夜晚，我深深地都留藏在心坎。

长大以后，我只能奔跑，

我多害怕，黑暗中跌倒，

明天你好，含着泪微笑，

越美好，越害怕得到。

每一次哭，又笑着奔跑，

一边失去，一边在寻找，

明天你好，声音多渺小，

却提醒我，勇敢是什么。

……

（四）来自学长学姐的鼓励

播放学长学姐加油视频，在放映中结束整场班会。

【课后总结】

1. 整节课由四个故事横向连接，意在输出教师预期价值观，同时不以传统说教方式进行，是笔者较为满意的创新之处。

2. 遗憾之处在于全程教师主导过多，学生参与性不够，对自己临场应变能

力不甚满意，仍需继续努力。

【操作提示】

本节课外松内紧，必须时刻把握说话节奏与学生情绪，避免空话、套话。课前需反复彩排，注意情绪起伏，对班会的预期走向进行全盘把握。

（深圳市福田区红岭中学　赵刚）

目标成就未来——生涯规划

【推荐理由】

生涯教育和培养学生的目标意识是新时代教育的重要内容之一。高中生的自我意识正在觉醒，对于自己的未来充满了期待和想象，如果能够帮助学生树立规划意识、设定合理目标，不仅有助于学生学习动力的激发，更有助于让学生成就更好的自己。

【适用年级】

高二第二学期和高三第一学期。

【班会背景】

虽然高二第二学期或高三第一学期的学生面临着高考的压力和对大学的憧憬，但仍有相当一部分学生规划意识、目标意识薄弱，学习动力不足，阻碍了自己的进步。本次班会旨在帮助学生初步树立目标意识，激发学习动力。

【班会目标】

1.引导学生学会了解自己，对未来进行定位。

2.引导学生体会确立明确目标的重要性，树立为理想奋斗的信念。

3.培养学生的规划意识，运用目标倒推法制定自己的目标。

【课前准备】

分组，每小组7～8人。制备多媒体课件，准备好小组用的白纸和目标设定表格。

【设计思路】

1.利用"霍兰德职业兴趣登岛游戏"引发学生对自己未来的定位进行思考。

2.展示哈佛大学关于目标与人生25年跟踪调查。

3. 鼓掌测试环节引发学生思考人生目标的重要性。

4. 教师讲述周迅的《十年后我会怎么样》。

5. 发放目标卡片，让学生通过目标倒推法设定自己的目标，并通过小组交流完善自己的目标卡片。

6. 利用假期的实习和游学等活动进行课堂的延伸。

【班会实录】

（一）导课

同学们，一年后大家就将进入不同的大学，学习不同的专业了，你想过自己今后的职业吗？你对自己的未来又有哪些具体的规划呢？

（二）活动内容

活动1：霍兰德职业兴趣登岛游戏

（1）教师通过PPT展示假设情境：你正驾驶着一架小型飞机横跨太平洋。发生突发事件，飞机2分钟后就要坠毁，你只能跳伞到下面的6个岛中的一个，也许会在岛上生活一辈子。

A岛（美丽浪漫岛）：这个岛上到处是美术馆、音乐厅，弥漫着浓厚的艺术文化气息。岛民们保留着传统的舞蹈、音乐与绘画。许多文艺界人士都喜欢来到这里寻求灵感。

C岛（现代井然岛）：处处耸立着的现代建筑，标志着这是一个进步的、都市形态的岛屿。岛上的户政管理、地政管理及金融管理都十分完善。岛民们个性冷静保守，处事有条不紊，善于组织规划。

E岛（显赫富庶岛）：该岛经济高度发展，处处是高级饭店、俱乐部、高尔夫球场。岛民性格热情豪爽，善于企业经营和贸易活动。岛上往来者多是企业家、经理人、政治家、律师等。这些商界名流与上层人士在岛上享受着高品质生活。

I岛（深思冥想岛）：这个岛绿野平畴，人少僻静，适合夜观星象。岛上有很多天文馆、科技博物馆、科学图书馆。岛民们最喜欢猫在自己的小房子里，天天钻研学问，沉思冥想，探究真知。哲学家、科学家和心理学家们在这里约会，讨论学术、交流思想。

R岛（自然原始岛）：这是个自然生态优良的绿色之岛。岛上不仅保留有热带雨林等原始生态系统，而且建立了相当规模的植物园、动物园、水族馆。

岛民以手工制造见长，他们自己种植花果，栽培蔬菜，修缮房屋，打造器物，制作工具。

S岛（温暖友善岛）：这个岛的岛民们性情温和，乐于助人，人际关系十分友善，大家互助合作，重视教育后代。每个社区都能自成一个密切互动的服务网络，处处充满着人文关怀气息。

（2）请同学们思考并完成以下两个问题：①到你选择的某岛的区域，向同一个岛的小伙伴们阐述你选择来这个岛的理由；②岛上有很多职业，有你喜欢的吗？说一说自己身上的哪些特点适合这个职业？小伙伴们也帮忙找一找。（如果发现不适合此岛屿，可以更换）

活动1的启示和收获：

通过登岛游戏，学生初步尝试自己的职业倾向。小组内的交流和讨论，让学生更好地了解自己，引发学生对自己未来的思考。

活动2：目标与人生

（1）教师出示哈佛大学关于目标与人生25年跟踪调查结果。

哈佛大学对一群智力、学历、环境等条件都差不多的年轻人进行了一项长达25年的关于人生目标与生活状况的跟踪研究。

关于目标与人生25年跟踪调查结果

比例	目标	25年后
3%	有清晰而长远的目标	25年间，他们朝着一个方向不懈努力，几乎都成为社会各界的成功人士，其中不乏行业领袖、社会精英
10%	有清晰但比较短期的目标	他们的短期目标不断地实现，成为各个领域中的专业人士，大都生活在社会的中上层
60%	目标模糊	他们安稳地生活与工作，但都没有什么特别成绩，几乎都生活在社会的中下层
27%	没有目标	他们的生活没有目标，过得很不如意，并且常常抱怨他人，抱怨社会，抱怨这个"不肯给他们机会"的世界

（2）鼓掌测试。

教师下达两次命令。第一次不说明确的时间要求，只是让学生鼓掌30次。第二次明确要求学生在10秒钟内鼓掌60次。让学生比较两次鼓掌，哪次更快。

教师下达命令，学生鼓掌配合

活动2的启示和收获：

学生通过哈佛大学的调查结果和两次鼓掌的对比，思考目标的重要性和目标设定的原则。例如，要有明确的时间、要可操作等。

活动3：制定我的目标

（1）教师讲述周迅的《十年后我会怎么样》。

18岁之前，我是个不知道自己想要什么的人，那时我每天就在浙江艺术学校里跟着同学唱唱歌、跳跳舞。偶尔有导演来找我拍戏，我就会很兴奋地去拍，无论多小的角色。如果没有老师跟我的那次谈话，那么也许直到今天，仍然没有人知道周迅是谁。那是1993年5月的一天，教我专业课的赵老师突然找我谈话："周迅，你能告诉我，你对于未来的打算吗？"我愣住了。我不明白老师怎么突然问我如此严肃的问题，更不知道该怎么回答。老师问我："现在的生活你满意吗？"我摇摇头。老师笑了："不满意的话证明你还有救。你现在就想想，十年以后你会是什么样？"老师的话音很轻，但是落在我心里却变得很沉重。我脑海里顿时开始风起云涌。沉默许久，我看着老师的眼睛，忽然很坚定地说："我希望十年后的自己成为最好的女演员，同时可以发行一张属于自己的音乐专辑。"

老师问我："你确定了吗？"

我慢慢地咬紧嘴唇回答："Yes。"而且拉了很长的音。

老师接着说："好，既然你确定了，我们就把这个目标倒着算回来。十年以后，你28岁，那时你是一个红透半边天的大明星，同时出了一张专辑。

"那么你27岁的时候，除了接拍各种名导演的戏以外，一定还要有一个完整的音乐作品，可以拿给很多很多的唱片公司听，对不对？

"25岁的时候，在演艺事业上你就要不断进行学习和思考。另外，在音乐方面一定要有很棒的作品开始录音了。

"23岁就必须接受各种培训和训练，包括音乐上和肢体上的。

"20岁的时候就要开始作曲，作词。在演戏方面就要接拍大一点的角色了。"

老师的话说得很轻松，但是我却感到一阵恐惧。这样推下来，我应该马上着手为自己的理想做准备了，可是我现在却什么都不会，什么都没想过，仍然为小丫鬟、小舞女之类的角色沾沾自喜。我觉得有一种强大的压力忽然朝自己袭来。

老师平静地笑着说："周迅，你是一棵好苗子，但是你对人生缺少规划，散漫而且混乱。我希望你能在空闲的时候，想想十年以后的自己，到底要过什么样的生活，到底要实现什么样的目标。如果你确定了目标，那么希望你从现在就开始做。"

一年以后，我从艺校毕业了，老师的话从那天开始一直刻在了我的心底：想想十年以后的自己。是的，当我意识到这是一个问题的时候，我发现我整个人都觉醒了。

从学校毕业后，我忙于接拍各种各样的影视剧。我始终记得，十年后我要做最成功的明星，所以对角色我开始很认真地筛选。后来我拍了《那时花开》，拍了《大明宫词》，我渐渐被大家接受，也慢慢地尝到了成功的快乐。

2003年4月，恰好是老师和我谈话后的十周年，我不知道这是偶然还是必然，我居然真的拥有了属于自己的第一张专辑——《夏天》。

其实你也和我一样。如果你能及时地问自己一句："十年后我会怎么样？"你会发现，你的人生就会在不知不觉中发生变化。时刻想着十年后的自己，你会朝着自己的梦想越走越近。

（2）学生根据周迅故事中的目标倒推法制作下面的目标卡。

通过与小组成员一起交流分享，尽量完善自己的目标卡片，让各阶段的目标更合理。

目标卡

我的目标：＿＿＿＿＿＿＿，我将会在＿＿＿＿＿＿＿（时间）完成我的这个目标	
在＿＿＿＿＿（时间），我要＿＿＿＿＿	在＿＿＿＿＿（时间），我要＿＿＿＿＿
	在＿＿＿＿＿（时间），我要＿＿＿＿＿
在＿＿＿＿＿（时间），我要＿＿＿＿＿	在＿＿＿＿＿（时间），我要＿＿＿＿＿
	在＿＿＿＿＿（时间），我要＿＿＿＿＿
在＿＿＿＿＿（时间），我要＿＿＿＿＿	在＿＿＿＿＿（时间），我要＿＿＿＿＿
	在＿＿＿＿＿（时间），我要＿＿＿＿＿

活动3的启示和收获：

学生先通过周迅的故事掌握目标倒推法设定目标的方法，再通过教师发放的目标卡片，完善自己的目标。目标卡片上，教师已通过表格的形式进行了引导，降低了学生设计目标的难度，让学生更愿意进行尝试。同时，小组内的讨论让学生可以互相指导，在这种互助互学的交流中让自己的目标更完善。

【课后总结】

本节课由三个活动环节构成，以霍兰德职业兴趣登岛游戏开篇，一方面激发学生的兴趣，另一方面引发学生对自己的未来进行思考。第二个环节以直观的调查结果和自己的鼓掌测试，让学生体验目标的规划对人生的重要性。第三个环节通过引导学生设计自己的目标卡，让学生践行规划自己的人生和目标。课堂之外，班级会开展一系列与此次班会相关的活动，如利用假期到医院、银行、公司等地参观实习，去大学游学，制作班级梦想墙，开展最牛宿舍交流分享会等，这些课后的延展活动与班会课相互补充，共同助力学生的发展。

【操作提示】

1. 在活动1中，因为学生对于登岛游戏很感兴趣，交流阶段容易太投入，教师一定要控制好时间。

2. 在活动3中，如果有些学生还是不知道怎样制作目标卡，教师可根据情况，让2～3个有思路的学生先简单分享自己的想法，这对还没有思路的学生会有一定的启发。

（深圳市福田区红岭中学　鹿薇）

备考那些事

【推荐理由】

1. 高三年级的学生面临高考，压力较大，掌握备考方法有助于学生提高学习效率，提升学习兴趣，最终提高学习成绩。

2. 通过开展备考主题班会，可以有效缓解学生的学习疲惫感，增进信心，为高三后阶段的备考工作带来动力。

【适用年级】

高三年级。

【班会背景】

高三（×）班是一所一线城市普通高中的重点班。虽是重点班，但不少学生在学习习惯、学习动力、学习方法、学习成绩上仍有待提高。全市一模成绩揭晓后，部分学生出现了学习热情减退的现象，少数学生甚至觉得未来没有希望，前途渺茫，班级听讲情况、作业完成情况和自习纪律情况均有所下降。

【班会目标】

1. 通过活动，让学生们感受高考是选拔性考试，想要成功必须让自己足够优秀。

2. 学生们通过小组合作，感受时间的重要性，学会珍惜时间。

3. 通过小组合作，让学生们感受目标的重要性以及目标设定的原则，学会制定合理目标。

4. 通过观看视频，让学生们感受该以何种态度面对挫折，提升学生的抗挫折能力，培养学生的乐观态度和奋斗精神。

5. 本着"活动—体验—感悟"的模式，让学生在活动中得到情感体验，将体验内化、升华，从而达到活动的目的。

【课前准备】

1. PPT课件制作。

2. 时间旅行中"你话我猜"的素材。

3. 模特在T台失误的小视频。

【设计思路】

1. 以"你渴望成功吗"系列问题导入，引出成功的基本前提。

2. 以全班同学做评委，评判线段长短活动为契机，引导学生思考高考的考试性质是适应性考试，从而得出要想在高考中获胜，必须有足够优秀的认识。

3. 以猜猜60秒、感受60秒、认识60秒活动为基础，让学生感受60秒时间可以做什么，体验无所事事的60秒和充满竞争的60秒差别。

4. 以鼓掌游戏为抓手，让学生在三次鼓掌中体会不同，明白需要有合理的时间规划和目标设定。

5. 以小视频模特T台失误集锦为依据，启发学生思考应该以什么样的态度面对挫折，怎样应对备考中的难题和挑战。

6. 班主任课堂总结并对学生未来的备考提出期望，送上对未来模拟考和高考的祝福。

【班会实录】

（一）导课

师：同学们，下午好！下周我们将迎来深二模考试，再过55天我们将踏入高考的考场。想要在考试中脱颖而出，备考必不可少。今天老师就想和大家聊聊关于备考的那些事。

首先，老师想问大家几个问题：你渴望深二模取得优异成绩吗？

生：是！

师：你渴望高考取得成功吗？

生：是！

师：你渴望考上理想大学吗？

生：是！

师：你渴望成为人生赢家吗？

生：是！

师：在同学们一次比一次响亮的回答声中，老师看到了大家渴望成功的愿望！那到底该怎样获得成功呢？老师请教了成功学大师，给大家归纳了三个基本前提：第一，拥有强烈的成功渴望。第二，拥有非常强烈的成功渴望。大家猜猜第三是什么？

生：拥有非常非常强烈的成功渴望。

师：太对了！同学们非常聪明！老师相信大家通过努力一定能够在高考中获得成功！下面，让我们一起来了解一下高考是什么性质的考试。

（二）活动内容

活动1：评线段，识高考

师：老师想请同学们做评委，小组讨论，选出你认为6条线段中最长的一条。

学生小组讨论

学生讨论后教师提问。

师：认为A线段最长的同学请举手，认为B线段最长的同学请举手，认为C线段最长的同学请举手，认为D线段最长的同学请举手，认为E线段最长的同学请举手，认为F线段最长的同学请举手。

师：第一次评判到此结束。现在让我们再来评判一次，还是6条线段，请选出你认为最长的一条。

学生异口同声地说C线段最长。

师：两次都是C最长。为什么第一次大部分同学没有一下子选出C线段，而第二次大家几乎第一时间都选了C呢？

生：因为第一次C虽然是最长的，但是长得不明显，第二次则长得很明显，所以一下子就选出来了。

师：说得太对了。有些时候，我们没有胜出，不是因为我们不优秀，而是因为我们不够优秀。这就好像考试，高考是选拔性考试，想要在高考中胜出，考入理想的大学，就要努力把自己变得更优秀。这就需要我们做好备考工作。

师：那我们该如何做好备考工作呢？老师想请同学们一起来一场60秒时间体验。

活动2：体验60秒

师：首先，请所有同学闭上眼睛，等老师发出"开始"的指令后同学们开始在心里默默计时。当你感觉时间够60秒的时候站起来并睁开眼睛，记住自己所用的时间，但是不能说话，不能提示其他同学。

体验60秒

好，现在请同学们闭上眼睛。准备好了吗？预备——开始！

在此过程中，大概50秒时就有学生起立，离60秒还有5秒时，又陆续有不少同学起立。

师：60秒时间到！

师：60秒过去了，刚刚部分同学时间没到就站起来了，现在请所有同学回想一下你在刚才这60秒内的感受，你觉得是怎样的？

生：觉得很难熬，很无聊。一直在心里默默数数，希望时间能快点过去。

师：现在我们再来和60秒进行约会。这一次，老师请同学们分小组进行比赛，看看60秒内在"你话我猜"游戏中大家可以猜出多少个词语。获胜组将获得老师明天早上发的肠粉大奖！

教师带领学生学习游戏规则：①不可以说出所猜词语中已有的字；②遇到不好猜的词，可以选择"过"，但每组最多有3次"过"的机会。

下面开始计时，请一名同学到讲台上来做裁判并计数。

师：下面有请第一组上台。准备好了吗？（老师开始播放PPT，学生猜词）

师：好的，现在8个组同学比赛完毕，我们祝贺第三组同学夺冠！

老师同样想请同学们思考一下，在刚才你们组比赛的60秒内，你有什么感受？

生：刚才的60秒，因为有比赛，所以觉得时间不够用，甚至希望时间慢一点，能让我猜出更多的词。

师：是呀，60秒，我们每个组都猜出了一些词汇。60秒，其实是可以做很多事情的。比如，60秒，激光可以走1800万千米，等于绕地球450圈；60秒，最快的电子计算机可以运算120亿次，等于60个人不停地计算1亿多年；60秒，最快的战斗机可以飞行50千米；60秒，核潜艇能航行12000米；60秒，人造卫星能走1920千米。因此，在我们无所事事时，感觉时间很漫长，而这漫长的60秒内我们一无所获。当我们忙于竞争，忙于做事时，感觉时间飞快地过去了，在这忙碌而充实的60秒内，我们收获颇丰。所以，同学们对刚才两种60秒的体会是不同的。

通过这个活动，老师想请同学们记住，时间对每个人来说都是公平的，但是每个人对时间的利用却是不对等的。掌握备考主动权的一大因素是掌握时间利用上的主动权。时间是宝贵的，不能轻易浪费，哪怕是1分钟。因此，充分利用时间是掌握备考主动权的一个基本因素。

师：在备考中，除了充分利用时间外，还有什么需要注意的呢？

活动3：鼓掌识目标

师：老师想请同学们一起来体验下鼓掌的感觉。首先，老师想请全体同学鼓掌30秒。

师：其次，请全体同学鼓掌10次。

师：再次，请全体同学30秒内鼓掌80次。

师：3次鼓掌完毕。现在请同学们想一想，在上面3次鼓掌中，哪一次你的速度最快，状态最投入？为什么？

学生分组讨论。讨论后教师请学生代表发言。

生：第三次。因为第三次有目标和时间的限制，所以无形中增强了紧迫感。

师：这就要求我们学会合理安排时间，因为合理安排时间有助于我们提高学习效率。在合理安排时间的过程中，还要注意设定合理的目标，这有助于提高目标实现的可能性。就像刚才的鼓掌，如果老师让大家30秒内鼓掌300次，很明显是不现实的，大家不可能完成，也会打击大家的积极性。因此在备考过程中，我们要设定符合自己现阶段情况的目标，再分阶段来完成任务，这样更有利于我们的复习。

师：现在，我们明确了备考复习要学会利用时间，并合理安排时间。可是备考过程并不是一帆风顺的，有时候我们会遇到瓶颈，甚至感到挫败。遇到这种情况，我们该怎么办呢？

活动4：看视频，悟道理

分享爆笑小视频：

小哲理：人生难免摔跤，备考总会遇到挫折，不论什么挫折，都要坦然面对，勇往直前。

师：老师想和大家分享一个视频。（播放模特T台失误视频）

师：看完这则视频，老师想请同学们讨论一下，视频中模特摔倒后是以什么姿态面对的？对你有何启示？

学生讨论后得出要笑对困难、迎难而上的结论。

教师总结：

从视频中我们看到，人生难免摔跤，备考难免遇到困难，不管遇到什么困难，我们都要坦然面对，迎难而上，勇往直前。就像之前一部很火的电影《疯狂动物城》的主题曲唱的那样："我绝不退步，直到到达终点。接着重新出发，不，我不会逃避，我会拼尽全力，即便会输，我也会拼尽全力。"老师希望同学们能够在之后的备考过程中，学会珍惜时间，合理利用时间，设定合理的目标任务，并能够在遇到挫折时一往无前，拼尽全力。最后，祝愿所有同学在下周的深二模中取得优异成绩！祝大家考入理想的大学！

【课后总结】

1. 整节课学生表现良好，积极讨论、认真思考，各小组参与度高。

2. 有点遗憾的是，由于上课教室四面都有投影屏，在学生进行60秒"你话我猜"游戏时，教师临时进行现场调度，故在时间整体把控上还需加强。

3. 主题活动班会课比无活动的主题班会课更受学生欢迎，实现了本节课的教育目标。

【操作提示】

整节课包括五个环节，各环节间的安排要注意衔接紧凑。对所占时间比重较大的"你话我猜"游戏，教师要提前对上课教室的情况有所了解，同时对学生的实际情况有一个大致估计，对活动中可能出现的问题进行预判。

（深圳市福田区梅林中学　苏科研）

下　篇

德育课堂与学科教学的融合

选课走班与课程育人

一、选课走班的概述

2014年9月国务院印发了《关于深化考试招生制度改革的实施意见》，规定2014年在上海市和浙江省启动高考综合改革的试点，2017年将全面推进。2017年北京、天津、山东、海南加入新高考改革实践；2018年江苏、湖北、福建、辽宁、广东、重庆、河北、湖南等省市经教育部评估，达到新高考启动条件，也加入了改革队伍；2019年陕西、甘肃、宁夏、广西、新疆加入改革队伍。教育部部长陈宝生说，到2020年，我国将全面建立起新的高考制度。新高考改革主要体现在学生的选科和录取形式上。学生的高中学习不再分文理科，而是从物理、化学、生物、政治、历史、地理六科中选三科，再配上语文、数学、外语。

1. 概念与意义

新高考改革政策规定，在实行高考综合改革的省（区、市），学生可以在完成必修内容的学习后，在对自己的兴趣和优势有一定了解后确定选考科目，并在高中建立学生综合素质综合评价制度。"选课走班"是新课程改革的一大特点，是指为适应社会对多样化人才的需求，满足不同学生的发展需要，在保证每名学生达到共同基础的前提下，各学科分类别、分层次设计了多样的、可供不同发展潜能学生选择的课程内容，以满足学生对课程的不同需求。学生根据自己的兴趣爱好或能力水平到不同的教学班上课，打破了传统的固定行政班教室。

不论是"6选3"还是"3+1+2"来参加等级考试，都充分体现了《国家教育规划纲要》（2010—2020年）的"为每个孩子提供适合的教育的思想"，意义重大。

一是普通高中教育是基础教育，也是学生发展分化、个性开始彰显的阶段，实施学生自主选课，是对高中教育规律的充分尊重，能促进学生全面和个性发展；二是学生根据自己的兴趣、特长自主选课，是对学生自主学习权利的充分尊重，是对学生学习内驱力的最大释放，是对学生个性发展的最大保障；三是建立选课走班教学管理制度，也是落实《普通高中课程方案》中提到的"必修课程全修全考、选择性必修课程选修选考"的基本原则，真正落实高中学校办学自主权，高中教育将逐步走出千校一面的同质化现象，逐步走向特色化、多样化办学之路。

2. "6选3"教学管理策略

2014年，高考改革初期的"6选3"教学管理策略的操作有四种方案：

（1）大走班：进行20种选科组合的全科走班。除语文、数学、外语三门科目是在同一个班级也就是学校最初编排的班级即行政班上课以外，其他三门实行走班，和其他学生在混编的班级里上课。

（2）小走班：进行压编瘦身的选科组合。即小部分科目实行走班，优先将选三门一样科目的学生编排在同一班，其余学生实行走班上课。还有一种就是先将除语文、数学、外语三科，学生所选的两科一样的定下排班，另一科实行走班上课。

（3）半走班：等级考"分科走班"、水平考"网络编班"。

（4）不走班："志趣课程"与选科对接。

各省市、各学校根据自身学校资源条件与学生的选科结果，选用不同的走班方案。

3. "3+1+2"模式与赋分转换

2018年4月23日，作为全国第三批启动高考综合改革试点的八省（市）——河北、辽宁、江苏、福建、湖北、湖南、广东、重庆发布本省（市）实施方案，明确从2018年秋季入学的高中一年级学生开始实施。根据公布的实施方案，八省（市）均采用考试科目"3+1+2"模式。"3"为全国统一高考的语文、数学、外语，"1"由考生在物理、历史两门中选择一门，"2"由考生在思想政治、地理、化学、生物学四门中选择两门。高校在录取时，将按物理和历史两个类别分列计划、分开划线和分开投档录取，选择物理或选择历史的考生在各自的序列中排队，成绩具有可比性。

但是，报考同一高校同一专业的考生，其两门再选科目很可能有所不同，如果直接以原始分计入高考总成绩，不科学、不公平，会有很大风险。主要原因是：考生所选的不同科目，难度系数不同（不同科目很难做到难易程度相同），不具有可比性。比如，甲考生选考生物，乙考生选考思想政治，二人原始成绩都是80分，但是甲考生在所有选考生物的考生中排名第1000位，乙考生在所有选考思想政治的考生中排名第3000位，若简单地将他们各科成绩相加计入考生总成绩，既不公平也不科学。但是，高校录取需要看"总分"，也就是需要将不具有可比性的原始成绩转换成具有可比性、可直接相加的成绩。因此需要将不同科目的原始成绩按一定的规则进行等级赋分，也就是把按原始成绩计算的"绝对分"转换为按等级排名计算的"位次分"，保持考生每个考试科目的原始成绩排名顺序不变，才可以解决不同选考科目之间成绩的可比性和可相加性的问题，确保公平公正。

因此，高考总成绩750分，其中"3"和"1"直接采用卷面分，共550分；四科选考科目转换时，将每门选考科目考生的原始分从高到低划分为A、B、C、D、E五个等级。根据5年来各省高考成绩数据分析，将各等级人数所占比例分别确定为15%、35%、35%、13%和2%。将A至E等级内的考生原始成绩依照等比例转换原则，分别转换到100~86、85~71、70~56、55~41和40~30五个分数区间，得到考生转换后的等级分。

4. 山东样板校走班方案

根据高考改革先锋——浙江、上海的实施经验，走班方式有多种，但综合来看，主要考虑四个因素：是否满足学生的自主选择、学生的走动范围及对师资校舍的需求、与走班相适应的管理理念与管理制度建设、教师教学与学生学习评价。综合考虑以上因素，山东省昌乐一中（高一年级共45个班、2208名学生，任课教师161人）采取的"学生充分选择，科学设置单元，线上线下混合，单元全科走班"的"大走班"方式，是目前比较推崇的方式，也是2018年5月由山东省教育厅下文在全省推广的选课走班方案。该方案有以下几点优势。

一是满足学生选择。学生的自主选择程度越大，则学生选取兴趣学科的可能性越大，学习动力越大，越容易克服学习中的困难，学习能力就越强，不但有利于学生取得优秀成绩，还能促进学生全面且个性发展。学生选课的基本策略是：志向坚定者，首选"最相关"科目；兴趣明确者，首选"最喜欢"科目；偏科明显者，首选"最拿手"科目；学科均衡者，首选"最适用"科目；

成绩一般者，首选"最自信"科目。

二是科学设置单元。若学生走班范围越大、行政班跨度越大、师生熟悉程度越小、走班转换教室所需时间越多、与目前的教学方式比较变化越大，则教学管理的成本就越大；若教学班班额越小，则所需教室、师资的数量就越多。因此，在充分满足学生自主选择的基础上，学校科学划分走班单元，在单元内走班是最佳选择。

三是线上线下混合。充分利用翻转课堂学习平台，采取自习线上走班、正课线下走班，线上记录学生学习过程，线上虚拟小组合作学习。充分利用信息技术，加强学生学习、教师教学过程管理，在提高教学效益的同时，减少走班带来的管理成本。

四是单元全科"大走班"。基于高一原有行政班级（或个别班级调整），科学划分走班单元，然后固定语、数、外不走班（或者语、数、外分层走班），其他六科全部走班，同时排课，学生根据自己选择的学科走班学习。

五是"大走班"模式。"大走班"模式的优势为：一是学生近距离走班，走班半径小，转换教室耗时少，原来的课间时间不需调整；二是教学班和行政班班数变化不大，校舍和师资容易解决，教师工作量变化不大；三是单元排课，课程表编排相对容易操作；四是教学班教师与原行政班比较变化不大，师生熟悉程度大，便于教学管理和教师辅导；五是行政班与高一比较基本不变，平行分班，便于任教多个班的教师实施教学，便于教师评价、学生评价。尽管每名学生需要在三个学科走班，但融合信息技术，能够提高管理效益，降低管理成本，降低选课走班带来的难度。

六是优化管理策略。根据走班模式优化教学管理策略，包括集体备课、课堂观察等校本研修方式和作业批阅、自习辅导与答疑等学生指导等。改进学生管理策略，包括考勤、课堂管理、自习纪律、小组合作学习、学习用品存放、作业收交等。

七是改进评价办法。根据走班模式，采取过程性评价与终结性评价相结合的方式，或者学业基础相差较大的教学班之间采取增量评价。学生学业水平评价可落实学分认定。

5. 选课走班带来的新问题

在美国很早就实行了"走班制"，几乎所有学校都实行"走班制"。每学期开学学生就开始选课，然后根据自己的课表上课。相同的年级或科目，每次上课的时间和地点也许都不一样。美国的学校经常有这样的场面：下课铃声一响，学生就急匆匆地抓起书包往外走，去另一个教室上课。教师不动学生动，学生还不是集体动，而是各自去自己的教室上课。这样大规模的走班模式，越来越不被人们认可。其不仅在教学的配置与管理上的难度大大增加，而且学生的班级归属感与幸福感大大降低，学校与班级的德育工作的开展也在一定程度上受到限制。

"选课走班"后，一个班级的学生在一起的时间相对少了，同学之间、师生之间的交流也比相对固定的行政班少了，势必会对以行政班为单位、以班主任为核心的传统学生管理模式产生较大的影响。在"走班制"形式下，学生每节课下课后，总在更换教室，更换新的学习伙伴。学生的第一感受应该是自由，也有学生提到，走班上课能够间接起到提神的作用。课间5分钟楼上楼下地跑，相当于一种积极的休息方式；而选课，可以和兴趣搭配，也是提高上课兴奋度的因素之一。学生的另一重欢乐，则是摆脱了被行政班班主任严防死守、出点小错就被老师在教室"一抓一个准"的局面。但是，面对每节课学习伙伴的更换，学生的集体归属感下降；学生不会管理和安排学习生活、不按时交作业、不主动找老师答疑，借轮转教室上课的便利躲避老师、不及时改正错误等，似乎也是摆在德育教育上的集中问题。

目前，我国采用"大走班"与"小走班"方案的学校较多，且选择"小走班"教学管理方案的学校数量呈快速上升态势。越来越多的省份和学校制定了以稳定为主的工作思路，即坚持以行政班级管理为主，以同组合学生组班上课。如果同组合的学生达不到组班人数，学校会将其合并实行小范围选课走班，避免学生大范围流动。

这样，传统意义的行政班德育管理模式与选课走班下出现的学生流动性特点已不相匹配。2017年8月17日，教育部发布《中小学德育工作指南》（教基〔2017〕8号），提出全员导师制、课程育人与全方位育人的"三全育人"德育工作格局。这一举措对于无法形成固定组合的小范围选课走班的班级德育管理是十分有利的。

而落实"三全育人"的德育工作格局，首先要增强每一位教师的德育管理意识，将德育课堂不局限在班会课上，还要渗透到每一位教师的学科教学之中。因此，本书在上篇倡议打造轻松高效的主题活动班会的基础上，在下篇增加了在语数外、理化生、政史地九门学科教学中渗透德育思想的综述与具体实施课例，并创造性地提出在主题班会上引用学科知识，打造德育、教学双促进的理想课堂。

二、课程育人的概念与模式

《中小学德育工作指南》提出，为深入贯彻落实立德树人根本任务，加强对中小学德育工作的指导，切实将党和国家关于中小学德育工作的要求落细落小落实，着力构建方向正确、内容完善、学段衔接、载体丰富、常态开展的德育工作体系，大力促进德育工作专业化、规范化、实效化，努力形成全员育人、全程育人、全方位育人的德育工作格局。

课程育人是《中小学德育工作指南》中的首要实施途径和要求。《中小学德育工作指南》提出，为充分发挥课堂教学的主渠道作用，将中小学德育内容细化落实到各学科课程的教学目标之中，融入渗透到教育教学全过程中。具体内容包括：

（1）按照义务教育、普通高中课程方案和标准，上好道德与法治、思想政治课，落实课时，不得减少课时或挪作他用。

（2）要围绕课程目标联系学生生活实际，挖掘课程思想内涵，充分利用时政媒体资源，精心设计教学内容，优化教学方法，发展学生道德认知，注重学生的情感体验和道德实践。

（3）发挥其他课程的德育功能。要根据不同年级和不同课程特点，充分挖掘各门课程蕴含的德育资源，将德育内容有机融入各门课程教学中。

（4）语文、历史、地理等课要利用课程中语言文字、传统文化、历史地理常识等丰富的思想道德教育因素，潜移默化地对学生进行世界观、人生观和价值观的引导。

（5）数学、科学、物理、化学、生物等课要加强对学生科学精神、科学方法、科学态度、科学探究能力和逻辑思维能力的培养。

（6）音乐、体育、美术、艺术等课要加强对学生审美情趣、健康体魄、意志品质、人文素养和生活方式的培养。

（7）外语课要加强对学生国际视野、国际理解和综合人文素养的培养。综合实践活动课要加强对学生生活技能、劳动习惯、动手实践和合作交流能力的培养。

（8）用好地方和学校课程。要结合地方自然地理特点、民族特色、传统文化及重大历史事件、历史名人等，因地制宜地开发地方和学校德育课程，引导学生了解家乡的历史文化、自然环境、人口状况和发展成就，培养学生爱家乡、爱祖国的感情，树立维护祖国统一、加强民族团结的意识。

（9）统筹安排地方和学校课程，开展法治教育、廉洁教育、反邪教教育、文明礼仪教育、环境教育、心理健康教育、劳动教育、毒品预防教育、影视教育等专题教育。

本书在"三全育人"的基础上，更多地关注了"课程育人"的实践内容。提出"在学科教学中育德"与"主题班会与学科知识融合"的观点和做法，希望能够将德育过程在日常的点滴教育教学中无痕地实施。

美国当代德育学家托马斯·里考纳说："各学科教学对德育来说是一个沉睡的巨人。"任何学科的教学都隐含着德育资源，这种德育资源主要存在于两个方面：一是隐含在教学内容中的道德因素，二是隐含在教学形式中的德育因素。因此，教师在学科教学中渗透德育应从两个方面入手：一方面深入研读教材，挖掘蕴含在教材中的德育因素；另一方面在选择教学方法和管理方式时，遵循以人为本的原则，尊重学生，关爱学生，努力创造民主平等的课堂氛围，使德育在潜移默化中实现。

19世纪德国哲学家、心理学家，近代科学教育理论的奠基人赫尔巴特则更加鲜明地提出了教育性教学的主张，宣称道德是教育的唯一目的。美国进步主义教育哲学家杜威也明确指出：道德的目的应当普遍地存在于一切教学之中，并在一切教学中居于主导地位——不论是什么问题的教学。如果不能做到这一点，"一切教育的最终目的在于形成品德"这句尽人皆知的话就成了伪善的托词。

要发挥各学科教学中的德育功能，结合教学相关内容和各个环节，有机地对学生实施德育，是所有教育工作者都在经历并参与着的课堂革命。实施德育工作的教师已经不仅仅是班主任和德育课教师，德育工作的主阵地也不仅仅是课外实践活动，而是润物细无声地融入学科教学的课堂之中。学科育人的关键在于教师，教师的育德水平和能力直接影响着育人效果。而课程育人的前提是增强学科教师德育为先的意识与责任。

　　树人德为首，可谓是古今中外的一项基本共识。儒家经典《大学》首篇第一句就说："大学之道，在明明德，在亲民，在止于至善。"古代中国教育的根本任务，就是使受教育者实现道德的完善。苏联教育学家苏霍姆林斯基强调："道德是照亮全面发展的一切方面的光源。"立德树人是教育工作的根本任务，教书育人是教师的职责。无论是班主任还是学科教学的教师，都担负着育人的责任。为有效提高教师学科德育的自觉意识，提升教师的育人能力，笔者建议在区级和校本两级教研活动中开展"学科教学渗透德育思想的展示课活动"。

（深圳市福田区红岭中学　高军丽）

在学科教学中育德

高中语文教学中的德育渗透

随着新课程标准及素质教育理念的不断深化，高中教师在日常教学中开展德育教育日显重要。对于高中各个学科而言，语文教学具备显著的德育功能，语文教材中蕴含丰富的传统文化，高中语文教师在开展语文教学时，不仅要向学生传授文学经典内容，更要引导学生认识到文学作品的内涵，实现新时代对德育工作的要求，培养学生的良好道德品质，有助于学生的全面发展。因此，只要经过精心准备，语文课也可以化作形象生动的思想教育课。

在实际的高中语文教学中，仍然有少数语文教师受到应试教育理念的影响，将考试大纲作为开展语文教学的唯一标准规范，仅向学生讲解高考涉及的知识点，缺乏对语文教学中德育功能的重视，难以实现语文教学的德育功能，严重时会使学生产生厌烦心理，从而使学生丧失学习语文的兴趣，不利于学生语文素养及综合素养的培养。

但是，语文课也不能直接同学生谈德育，更多的还是要培养学生的"大语文观"。就像苏霍姆林斯基说的，"任何一种教育现象，孩子在其中越少感觉到教育意图，它的教育效果就越大"。这就要求教师以教材为本，在课堂教学中抓住课文中关键的字、词、句分析，反复品味，创设情境，从情感上感染学生。在课下创设实践活动，延续思想道德教育的战线，用生活环境教化学生。具体来说，有以下几种方法供参考实施。

一、深入挖掘教材

对于高中语文而言，教材内容蕴含着古今中外大量的优秀文化，涉及对高尚道德品质的赞扬以及对低俗文化的抨击。高中语文教学不能局限于语言教学，而是要将高中语文教材中的优秀文化进行传承，充分发挥语文教材中的德育功能，丰富学生的情感体验，培养学生的良好道德品质。

以爱国主义教育为例，高中阶段爱国精神的培养有助于学生的健康发展，培养学生的民族自豪感与荣誉感，可以激发学生的学习积极性。在开展语文教学时，教师可以通过教材的深度挖掘，在适当的时机开展德育教育。教材中有不少让学生领略祖国山川的秀美与壮丽的文章：《想北平》中恬然安宁、温馨朴实的北平草木人情，《江南的冬景》中柔和淡雅的江南景致，《我与地坛》中荒废却又富有生机的古园剪影，《阿房宫赋》中错落精巧、雄伟壮观的宫殿背影，《蜀道难》中盘旋曲折、闭塞险要的地势景象，《滕王阁序》中人杰地灵、物华天宝的繁华、静谧、梦幻之境，《兰亭集序》中兰亭"茂林修竹""清流激湍"的良辰美景等。

若在教学中能颇具匠心地让学生在语文课本中领略祖国山川的神奇广博，领会祖国自然风光对个人生命的滋养，选择代表性段落以及语言优美雄壮的段落，要求学生反复阅读并背诵，张开想象的翅膀，仿佛身临其境，从而加深学生对教材的理解，体会到作者的拳拳爱国之情。

从教材篇目的类型切入，深入挖掘也是一种在备课时思考德育关联点的方法。

论述类文本中，比如《拿来主义》，学生在明了如何继承文化遗产的同时，也能学会什么是真善美；比如《父母与孩子的爱》，学生在了解父母与孩子的爱的科学原理后，能明白应该去奋斗，实现自己的人生价值，更能懂得理解父母、孝敬父母。

小说、戏剧、散文更能让学生分辨是非、真假、美丑、善恶。《老人与海》告诉学生什么才是真正的人生，什么才是坚强；《窦娥冤》揭露古代司法制度的黑暗和残忍；《祝福》让学生在探究悲剧根源的同时，明白当代青年应具有破旧立新的社会责任感；《记念刘和珍君》中鲁迅对刘和珍的革命精神和优秀品质的回忆，将唤起学生对爱国青年沉着勇敢和团结友爱精神的赞扬。

古典文本更是直接教给学生什么是真正的道德情操。《烛之武退秦师》告诉学生在危难之时要敢于挺身而出；《苏武传》告诉学生祖国荣誉高于一切，做人要威武不能屈、贫贱不能移；《游褒禅山记》告诉学生人生重要的是追求的过程而不是结果，只要努力了，哪怕不能达到目的也不会后悔；《师说》告诉学生要尊师重教、谦虚好学；《陈情表》告诉学生要孝敬长辈……可以说，每一篇古文都是一个了不起的中华美德的载体，需要教师用心地利用好它们，而不仅仅用之于基础知识的传授。

教材中那些人类历史上名垂青史的优秀人物，如屈原、陶渊明、李白、杜甫、苏轼、辛弃疾，他们都站在了精神的最高峰上，从他们身上，我们能感悟到人性的闪光点。那些火热的奋进精神、积极乐观的人生态度、忧国忧民的爱国情怀，可以说，他们的人生经历或者生活态度都能够给予学生学习的动力。而现代著名作家鲁迅、巴金、闻一多、艾青等，同样是学生奋进的楷模。他们不断思考自己的理想，把个人的理想和祖国的命运结合起来的崇高品质；他们用自己的作品鼓舞着每一位爱国人士，鼓励当代青年学子思索人生。

所以，作为高中语文教师，在备课中要以作者当时的社会背景为基础，在授课中要有机引导学生去领悟作者当时的爱国情怀及心境，感悟他们的悲喜，学习他们身上的优秀品质，让学生在潜移默化中提高自己的修养，学会热爱自己、热爱生活、热爱祖国。

二、营造德育教育氛围

在语文教学中实现德育功能，需要营造良好的德育教育氛围。在高中语文教材中，有些文章的写作时间较为久远，如果单纯通过文字阅读和教学，学生难以准确理解文章内容及思想感情。因此，高中语文教师需要充分利用多媒体设备，进行教学情境的创设，引导学生进入文章描写的环境，丰富学生的情感体验，使学生与作者产生共鸣，从而提高语文教学的有效性，实现德育功能。

例如，在学习《廉颇蔺相如列传》时，教师就可以在课前进行情境内容的构建，根据文章内容设置情境的历史背景与台词。在课堂教学中，教师可以进行大致的课文讲解，之后再进行情境的创建。在情感理解方面，由于学生对历史背景较为陌生，以至于无法深刻体会文中所蕴含的教育思想与感情。情境的创建可让学生分别扮演秦王、蔺相如、廉颇等重要角色，通过对文章主要内容的演示，学生能够深刻理解每个角色内心的情感变化。"负荆请罪"在教学情境中展现，学生通过情境的表演可以理解廉颇负荆下跪所蕴含的深刻教育思想。本课的教育思想通过情境的创建得以深刻展现，主要表现为通过情境使学生深层次了解廉颇、蔺相如的思想品格，培养学生先国后私的爱国精神，让学生在今后的发展过程中严于律己、宽以待人、知错就改，为祖国的繁荣发展做出贡献。

在学习《我有一个梦想》时，教师可以根据课文的主旨内容提前收集有关美国民权运动等背景资料，或者有关解放黑奴的影像资料，将它们制作成教学课件，在课件文字中穿插各种图片与影像，形成图文并茂的趣味性教学课件。在课程开始之时，教师可以播放一段有关黑奴反抗运动的影像，让学生设身处地地感受黑奴所面临的窘迫的政治处境，通过影像可以更深入地观察到黑奴压抑的生活环境与其所承受的压力。教师再通过一些图片与文字背景资料的介绍，学生便能理解这种政治运动的起源。影像播放后，教师针对教学内容进行讲解，学生便会明白"我有一个梦想"并不只是美国民权运动的领导者马丁·路德·金的梦想，也不只是美国黑奴的梦想，它是世界上每一个人的梦想，梦想生活在一个没有种族歧视、没有地域歧视、人人平等的和平时代。通过多媒体直观的教学展现特点，能够激起学生内心的情感共识，帮助学生更加深刻地体会人性平等的重要性。以这样的方式深化学生内心尊重他人、平等对待他人的道德思想，促使学生养成良好的行为习惯，为创立平等和谐的社会生活做出自己的贡献。

在学习《月是故乡明》时，从小在城市中长大的高中生很难看到文章中关于乡村月夜景色的描述，所以难以体会作者的思想感情，对文章的理解较为浅显。因此，教师可以使用多媒体设备为学生展示文章中描绘的景色，引导学生进入作者当时的写作情境，使学生与作者产生共鸣，体会到作者的思乡之情。与此同时，教师可以邀请学生谈一谈自己对故乡的认识，使学生认识到故乡与其他地方的差异，有助于培养学生对家乡的热爱之情，实现语文教学的德育功能。

三、在写作中提高思想认识

"文如其人""文为心声"，文质优美的文章，是学生心灵品德和道德素质的客观反映，是学生世界观、道德情操、理想追求、思想方法的一面镜子。作文教学一直是语文教师重视的板块，而高考对学生作文的要求，说到底也是对公民的基本要求——如何成为一个合格的公民，成为一个成功的人需要具备哪些素质，如诚信、善良、同理心、信仰、留点余地、原则等。同时，作文本身也是了解学生思想的一个重要窗口，它可以让教师掌握学生的思想动态，有助于及时进行引导。

比如，在新班级刚组建之时，让学生以"新学期，我……"为题来写作。在学生的作文中，教师能了解到他们的各种不适应，对学校、班级、老师、同学的各种看法，甚至同学之间发生的一些事情。由此再制订有针对性的阅读教学、课堂谈话教学方案，从各方面对学生的思想进行引导。

在作文教学中，选取与心灵品质和道德素养相关的作文题，既提高学生写作能力，又能引导学生树立正确的世界观、人生观，培养高尚的审美情趣。语文教师必须充分发挥作文教学的特殊功能，在实践中正确引导学生对待自己的人生，明了人生的意义所在。

四、开展实践活动

"纸上得来终觉浅，绝知此事要躬行。"在传统的高中语文教学中，教师主要在三尺讲台上进行语文知识的传授，语文课堂较为沉闷，难以调动学生的学习积极性，也不利于对学生创新能力的培养，更不会实现语文教学的德育功能。因此，高中语文教师需要树立全新的教学理念，贯彻落实素质教育，充分利用课外时间，积极组织学生参加教学活动，开展实践活动，拓展学生的语文视野。教师可以通过课外资料的应用，丰富语文教学中德育教育的材料，从阅读和实践等方面提升学生的德育思想意识，帮助他们更好地规范德育行为，促进学生素质能力的全面发展。

比如，教师在完成《陈情表》课堂教学之后，可以组织"我眼中的孝亲"这一课外拓展活动，要求学生在一周时间内查找相关资料，以"我眼中的孝亲"为主题进行演讲比赛。在该活动背景下，学生可以通过互联网或者图书馆等途径，查阅与孝亲相关的代表人物及相关理论。

比如，可以在教室内设立图书角，由教师提供大部分具有教育性质的课外读物，学生也可以拿出自己的珍藏进行分享。在课下零散时间，学生便可以到图书角进行阅读，提升文化素养以及道德意识。另外，阅读的形式还可以延伸到教室外。教师可定期组织学生到图书馆进行图书阅读，由于图书馆的图书范围更广、专业性更强、教育意义更浓厚，这使学生能在图书阅读氛围的熏陶下，增强内心的道德文化素养。

学校也可以针对高中阶段的教材内容组织相关的教育活动比赛。比如说高中语文教材中涉及许多古诗，这些古诗经过千年传诵，都极具教育意义，学校可以针对古诗开展"吟诗大赛"或"经典诗文朗诵比赛"，让学生有感情地进行朗读，更深刻地体会其中所蕴含的教育思想。教师还可以参考"中国诗词大会"设立"博览群诗"挑战赛之类的主题活动，考查每名学生对于古诗背景的了解与认知。所谓"读史以明志"，这更能促使学生树立良好的个人道德价值观，意识到自身所背负的国家使命与责任感，学生便会约束自己的行为，努力提升自己的道德修养，促进身心的全面发展。

从校外活动来看，在有条件的情况下，可以鼓励学生到社会上进行实践，也可以利用节假日的时间组织学生到敬老院去当义工，感受助人为乐的快乐。

总之，语文教学中德育渗透是一项极其重要的任务，更是一门综合性的艺术，抛弃了德育的语文课堂是枯燥无味的，更是本末倒置的。高中语文教师需要在教学全过程中实现德育功能，从课前导入到课后拓展，通过语文教学积极开展德育教育，培养学生的健康精神，让德育真正通过语文教学的途径渗透到学生的内心深处，点亮每名学生心灵的德育闪光点。

（深圳市福田区红岭中学　王冲林）

浅谈高中数学教学中的德育渗透

数学是一门充满理性思维的学科。数学学习可以使学生提高逻辑思维能力，可以使学生学会辩证地看待问题。高中数学是初等数学学习的收尾阶段，经过高中三年的努力，学生基本把初等数学的知识脉络理顺了，也形成了一定的数学思想和数学能力。若教师在教学中注重德育渗透，学生就会形成更加成熟、理性的世界观和价值观。

如何将德育寓于数学教学活动之中，对于实现数学教师在传授知识、培养能力的同时，发挥数学教学的潜在德育功能具有重要的指导作用。为了全面实施素质教育，重视德育因素，避免德、智脱节的现象，培养创造型人才，就必须加强数学教学中的德育渗透。

一、高中数学教学中德育渗透的必要性

教育是一个系统工程，要不断提高教育质量和教育水平，不仅要加强对学生的文化知识教育，而且要切实加强对学生的德育教育。因此，我们不仅要深入进行数学教学改革，加强对学生的数学知识和数学能力的培养，更应该在数学教学中积极渗透德育教育。

1. 客观现实的需要

当今社会物质文明飞速发展，给人们的精神文明带来了前所未有的挑战，德育处于令人担忧的状态，物质欲倾向、人际关系淡漠化倾向增强，人与人之间的距离越来越大，感情越来越冷漠，金钱至上；价值观导向偏离，公德观淡化，是非观混淆。这些不良风气严重地影响了中小学生的健康成长。在数学教学中培养学生冷静、理性的思维和优良的品质是数学教师义不容辞的责任。

2. 素质教育的需要

德国教育家赫尔巴特曾说："道德普遍被认为是人类的最高目的，因此也是教育的最高目的。"实施教育的真谛，在于促进学生全面发展，其思想素质应是首位的。要想全面提高学生的思想品德素质、科学文化素质、劳动技能素质和身体心理素质等，就要花大力气努力探索青少年思想教育渠道，拓宽德育工作范围，加强教学环节中的德育渗透，并充分融合于学科教学之中。

3. 数学学科教学的需要

任何一门学科的教学，都必然伴随着一定思想的渗透和情感的变化，都包含着一定思想观念、道德修养和个性品质的养成。学校教给学生的不仅是知识技能，更应是一种信念、一种做人的准则。教育所肩负的使命是陶冶人性，铸就性格，培养学生的科学精神和人文素质，因此，数学教学中的德育是数学学科本身不可或缺的组成部分之一。影响学生的学习有内因、外因之分，相比之下，内因是更稳定持久、更有效的动力。德育正是从内因上影响学生的发展，它所培养的正确的理想、价值观，是学生努力学习、保持旺盛精力的深刻而持久的动力源泉，它授予人的辩证的思想方法，是学生分析、探讨、掌握数学知识的有力工具，因此，教学中必须使德、智融为一体。

二、充分挖掘教材进行德育渗透

比如数学家刻苦努力最终到达科学之巅的过程可以感染和激励学生，古今中外数学推动社会进步的例子可以培养学生主人翁的使命感和爱国主义情怀，"分类讨论"可以提高解决问题的条理性，简单的"等价转化"可以在实际生活中将复杂问题简单化，科学的数据分析可以得出更有效的结论。

1. 爱国主义教育

运用数学史实、数学家的事迹激励学生，促其积极向上，形成良好品德。我国古代数学的辉煌成就能激励起学生由衷的自豪感和爱国热情；我国现代化的科技发展及其与世界先进水平的差距能激发学生的使命感和责任感；用数学家在真理面前坚贞不屈的事迹（如讲授"数系扩充"时要提到"第一次数学危机"和希帕索斯对发现"无理数"的坚持）培养学生坚持真理、实事求是的客观精神；用数学研究的困难和数学家不畏艰辛、勇攀高峰的例子教育学生克服困难，勇于探索、创新等，都能有效地取得教育作用。如果我们每一位教师都能抓住数学教学中的德育契机，就不愁数学中没有德育了。

2. 思想品德教育

在数学教学中对学生进行道德品质教育，其主要是进行科学态度的教育，旨在培养学生严肃认真、实事求是的态度，刻苦勤奋、努力拼搏、勇于开拓的精神和遵纪守法的作风。比如数学中实数、向量等知识都是一个体系，体系内有各自的规则，于是任何问题都有它所属的范畴，离开了体系，很多性质就不再成立。人在社会上也是如此，没有规则意识往往是走向错误的第一步。

3. 辩证唯物主义教育

教学内容中充满了辩证唯物主义观点，教师可利用教材中极其丰富的辩证唯物主义内容，有的放矢地对学生进行辩证唯物主义教育，运用此观点、立场和方法传授知识，有助于学生形成科学的思维方式和正确的世界观。数学解题方法的教学，是数学教学中一个极其重要的环节，这里包含着一定的辩证关系和逻辑关系。如讲述"简易逻辑"时可以有效地渗透"分类讨论"的思想，充分锻炼学生思维的严谨性；解决"排列组合"的许多问题要用到分类、分步计数原理，这可以教会学生做事情的条理性和按部就班的耐心。再如学习"推理与证明"时要引导学生充分感受到特殊性与普遍性相辅相成的特点，普遍性包括特殊性，特殊性寓于普遍性之中，这是一个辩证的哲学原理。又如"已知与未知""相等与不等""有限与无限""分析与综合"等都充满着"对立统一"的辩证关系。通过这些方面的解释，学生更进一步理解了特殊与一般的辩证关系，对立统一规律是客观存在的，掌握严密推理的逻辑思维，能够养成在处理问题时，顾全大局、实事求是、一分为二的良好品质。

4. 从两则笑话谈起——等价转化思维的培养

笑话一：一天，数学家觉得自己已受够了数学，于是他跑到消防队去宣布他想当消防员。消防队长说："您看上去不错，可是我得先给您做一个测试。"消防队长带数学家到消防队后院小巷，巷子里有一个货栈，一只消火栓和一卷软管。消防队长问："假设货栈起火，您怎么办？"数学家回答："我把消火栓接到软管上，打开水龙头，把火浇灭。"消防队长说："完全正确！最后一个问题：假设您走进小巷，而货栈没有起火，您怎么办？"数学家疑惑地思索了半天，终于答道："我就把货栈点着。"消防队长大叫起来："什么？太可怕了！您为什么要把货栈点着？"数学家回答："这样我就把问题转化为一个我已经解决过的问题了。"

笑话二：匈牙利著名数学家路沙·彼得在他的名著《无穷的玩艺》中，通过一个十分生动有趣的笑话，来说明数学家是如何用化归的思想方法来解题的。有人提出了这样一个问题："假设在你面前有煤气灶、水龙头、水壶和火柴，你想烧开水，应当怎样去做？"对此，某人回答说："在壶中灌上水，点燃煤气，再把壶放在煤气灶上。"提问者肯定了这一回答，但是，他又追问道："如果其他的条件都没有变化，只是水壶中已经有了足够的水，那么你又应该怎样去做？"这时被提问者一定会大声而有把握地回答："点燃煤气，再把水壶放上去。"但是更完善的回答应该是这样的："只有物理学家才会按照刚才所说的办法去做，而数学家却会回答：'只需把水壶中的水倒掉，问题就转化为前面所说的问题了。'"

的确，与发散思维不同，数学要求把一般实际问题、具体问题抽象化、公理化，从而体现简洁之美；把复杂问题简单化，体现"转化与化归"的数学思想。这在实际生活中有着太多的应用，计算机程序化处理问题不也正是这种思想方法的体现吗？

5. 提升科学分析问题的素养

恩格斯说："任何一门科学的真正完善在于数学工具的广泛应用。"任何一门学科，如果能够用数学来描述，那么它才能说是科学的。数学中的"正态分布"是放之四海而皆准的经典统计学规律。当今时代流行的大数据分析也是科学分析问题的体现。

三、发挥教师在教学中的引导作用

德育教育过程既是说理、训练的过程，也是情感陶冶和潜移默化的过程。教师自身的形象和教师体现出来的一种精神对学生的影响是巨大的，也是直接的。教师的板书设计、语言表达、仪表等都可以在无形中给学生以美的感染，从而陶冶学生的情操。比如，为了上好一堂数学课，教师做了大量的准备，采取了灵活多样的教学手段，这样，学生不仅学得很愉快，而且在心里还会产生一种对教师的敬佩之情，并从教师身上体会到一种责任感，这样对以后的学习、工作都有巨大的推动作用。

四、利用多种教学模式进行德育渗透

教学中创设生动、和谐、富于情趣的教学环境可进行情感教育，缩短师生思想距离。例如，在教学"三角函数图像"的新课引入中，可创设这样的问题情境：先让学生自己画出正弦函数图像，并提问：①正弦函数取值范围是什么？②从图像来看正弦函数有哪些性质？这样做可以让学生感受到教师与自己是在平等地探究问题。又如，在进行"二项式定理"教学时，有必要告诉学生牛顿发现该定理的背景以及"二项式定理"对微积分理论的重要意义，也可跟"杨辉三角"联系起来，简介我国古代数学的辉煌成就，让学生明确学好数学的重要性，提高学生学习数学的积极性和主动性，从而在数学教学中渗透德育。总之，教师在教学过程中，可以采取灵活多样的教学方法潜移默化地对学生进行德育教育，比如，研究性学习、合作性学习等。在数学中，有很多规律和定律如果光靠教师口头传授是起不到作用的，这时候就可以引导学生进行讨论，共同思考、总结。这样不但可以培养学生的各种能力，而且可以培养他们团结合作的能力等。拿教学方法来说，我们可以采取小组合作学习法：学生们一起学习，既要为别人的学习负责，又要为自己的学习负责，学生在既有利于自己又有利于他人的前提下进行学习。在这种情境中，学生会意识到个人目标与小组目标之间是相互依赖的关系，只有在小组其他成员都成功的前提下，自己才能取得成功。还可以让他们养成严肃看待他人学习成绩的习惯。

总之，德育本身就是一个不断发展的概念，在数学教学中渗透德育教育也要注意策略性。我们要根据实际情况进行德育渗透，同时要注意与时俱进，做到自然渗透，不喧宾夺主，使数学学科与德育内容和谐统一，恰如随风潜入夜的春雨，滋润万物，这样的德育渗透才是理想的。

（深圳市福田区红岭中学　曹亚林）

高中英语教学中的德育渗透

德育教育是素质教育的重要组成部分，应当贯穿于所有科目教学的始终。新修订的《普通高中英语课程标准》强调了高中英语教学中德育渗透的重要性，要求英语教学要围绕学生核心素养的提升来开展。本文从高中英语教学中德育渗透的必要性和途径两个方面来阐述英语教师如何在高中英语教学中进行德育渗透，将德育"润物细无声"地纳入教学过程中。

一、高中英语教学中德育渗透的必要性

1. 新课标的要求

传统的英语教学，教师重视词汇、语法学习和阅读文章段落大意的理解，着力加强学生英语成绩的提高，而忽略了生命价值、道德价值、文化意识、人文素养等核心竞争力的培养。《普通高中英语课程标准》（2017年版）提出：普通高中英语课程具有重要的育人功能，旨在发展学生的语言能力、文化意识、思维品质和学习能力等英语学科核心素养，落实立德树人根本任务。实施普通高中英语课程应以德育为魂、能力为重、基础为先、创新为上，注重在发展学生英语语言运用能力的过程中，帮助他们学习、理解和鉴赏中外优秀文化，培育中国情怀，坚定文化自信，拓展国际视野，增进国际理解，逐步提升跨文化沟通能力、思辨能力、学习能力和创新能力，帮助学生树立正确的世界

观、人生观、价值观。

2. 英语学科与德育教育之间的关系

《中小学德育大纲》指出，寓德育于各科教学的内容和过程之中是每一位教师的职责。"教书"和"育人"两者都很重要，忽视其中的任何一部分都是教师的失职。英语学科作为一门语言学科，蕴含了丰富的文化色彩和较高的思想道德涵养，因此在教学过程中拥有了更大的可能性与学生的发展空间。

3. 高中生的心理需要

高中阶段是一个十分关键的阶段，学生的心理处于半幼稚、半成熟的状态，具有明显的独特性和过渡性。在经历了"初升高"的人生第一次重要选择后，又面临着三年后的高考，同时伴随着课业负担的加重，竞争的日益激烈，自身思维意识的发展，高中生比较容易出现心理健康问题。因此他们需要教师的积极引导，帮助其建立正确的人生观、价值观。

二、高中英语教学中德育渗透的途径

1. 充分利用教材的文本资源，精挖文本中的德育因素

英语教材是进行德育渗透的有效载体。英语学科的教材包含人与自我、人与社会、人与自然三大主题语境，囊括诸多德育要素，如健康的生活方式、积极的生活态度、优秀品行、正确的人生态度、公民责任与义务、生命的意义和价值、认识自我、丰富自我、完善自我等。丰富的主题语境不仅规约着语言知识和文化知识的学习范围，还为语言学习提供意义语境，并有机渗透情感态度与价值观。因此，教师要深入钻研教材，认真挖掘文本中潜在的德育因素，抓住结合点和切入点，通过融合、渗透的方法，有目的、有计划地在教学中渗透德育。

笔者梳理和提取了人教版高一英语教材必修1、必修2、必修3、必修4的德育主题，探讨教师如何利用教材的文本资源在课堂中进行德育渗透。

利用教材的文本资源在课堂中进行德育渗透

教材	文本话题	德育主题
必修1	Friendship	人生观教育——树立正确的友谊观
必修1	English around the world	科学世界观教育——培养跨文化意识

续 表

教材	文本话题	德育主题
必修1	Travel Journal	社会公德教育——如何做文明游客
必修1	Earthquakes	科学素养教育——如何在地震中逃生
必修1	Nelson Mandela— a modern hero	品德、价值观教育——学习伟人的优秀品质
必修2	Cultural relics	文化价值观教育——学会保护文化遗产
必修2	The Olympic Games	爱国主义教育——培养团结合作、积极向上的奥运精神
必修2	Computers	科学素养教育——正确使用计算机
必修2	Wildlife Protection	生态环保教育——提升保护野生动物的意识
必修2	Music	艺术素养教育、价值观教育——学会欣赏音乐、尊重世界音乐文化
必修3	Festivals around the world	爱国主义、文化价值观教育——热爱中国文化、尊重异国文化
必修3	Healthy eating	心理健康教育——学会健康的生活方式
必修3	The Million Pound Bank Note	文化价值观教育——学会欣赏和借鉴优秀文学作品
必修3	Astronomy：the science of stars	科学素养教育——培养科学探究责任感
必修3	Canada— "The True North"	文化价值观——感受世界多元文化
必修4	Women of achievement	品德、价值观教育——学习先进人物的优秀事迹和品质
必修4	Working the land	爱国主义教育，品德、价值观教育——学习先进人物的优秀事迹和品质，为祖国做贡献
必修4	A taste of English humor	心理健康教育——培养幽默感和乐观向上的生活态度
必修4	Body language	文化价值观——感受世界多元文化
必修4	Theme Parks	社会公德教育——如何做文明游客

高中英语教材中的课文包含了丰富的德育内容，教师如果坚持深入研究文本，挖掘文本中的德育因素，在英语课堂的各个环节中有效渗透，就能帮助学生提高思想品德，培养学生爱国、乐观、不断进取的精神，树立正确的世界观、人生观，真正做到教书育人。

2. 改变课堂教学方式，在教学活动中有机进行德育渗透

（1）创设真实的教学情境

教师可以通过多媒体技术创设与教材内容相似、或较为真实的特殊教学情境，促使学生身临其境般感受和体验教材内容，增强学生对教材文本的理解与认知，激发他们参与英语知识学习的兴趣与动力。如外研版高中英语选修6第三单元"Roy's story"一课，笔者制作了一个关于篮球明星Kobe与Mac友谊的故事短片（这个故事的情节与语篇阅读密切相关，学生又比较熟悉和了解Kobe与Mac两位篮球巨星）。在真实的故事小短片中，学生迅速、自然地切入语篇阅读话题（interpersonal friendship），而且这个短片告诉学生什么是真正的友谊，如何珍惜友谊，教会学生树立正确的友谊观。信息化的形象、生动的教学方式使得学生的学习积极性大大提高，英语课堂充满活力。

（2）积极开展小组活动

德育渗透的主阵地在课堂，教师在教学过程中应采取灵活多样的教学形式，适宜、适时、适度地对学生进行德育教育，小组合作就是一种非常好的教学形式。教师在课堂教学中灵活采用小组合作讨论交流的方式，学生在生生合作的思维碰撞中进行德育渗透。如人教版Book 2 Unit 1 Work book的一篇阅读课文"Big Feng To The Rescue"，在学习完文本后，我问了学生两个问题：

Q1：What do you think of Big Feng?

Q2：Do you agree with the author that he is big in protecting China's past?

在这个环节中，我让学生评价冯骥才这个人物，每个学生都讲出了自己独特的见解。文本中并没有明确褒奖冯骥才的词语，但学生都一致认为冯骥才为文物保护所做的努力很伟大，他的无私，他的奉献，他的执着令人感动，值得学习。这两个问题的设计有助于学生发展批判性思维和创造性思维，塑造正确的人生观、价值观。

3. 在英语课外拓展活动中进行德育渗透

在英语教学中进行德育渗透不能仅仅停留在课堂所创设的各种学习活动中，还要将课堂上的德育内容扩展到学生的其他生活空间，让学生在现实生活的特定情境中进入德育实践探索。如举办英语戏剧表演、英语辩论赛、英美节日文化展、英语角、英文歌曲演唱比赛、开设英语校本课程等。

笔者在平时的教学中发现学生对中国传统文化特别缺乏了解，缺乏基本的文化素养。于是笔者组织编写了一套关于"中西方传统节日与文化"的辅助阅读资料，并且在喜马拉雅App上开创了"中西方传统节日与文化"系列节目。通过学习这些英语拓展资料及收听音频节目，学生能够拓宽英语学习思路，丰富英语学习体验，提升文化意识素养。此外，笔者还经常组织学生进行节日庆祝活动。如感恩节，笔者就曾组织学生通过为家人做一道菜，为老师写一句感激的话，来引导学生对曾经帮助自己、关爱自己的家人和老师表示感谢，让学生真正体会到蕴含在文化背景下的教育意义，学会感恩，学会关心他人。

此外，在英语教学中渗透德育依靠的是日积月累，潜移默化。要在英语教学中进行德育渗透，教师亦要与学生建立新型的师生关系，民主、平等、互相尊重，教师既是朋友，是学生道德环境的创设者，同时也是道德楷模、道德导师，我们要以身作则，为学生树立起一个有知识、有文化、有道德修养的伟大形象。

总之，高中英语教学中的德育渗透是时代的客观要求，也是广大教师积极改进教学方式，不断提高道德修养、教学水平的内在要求。作为英语教师，我们要多动脑筋，多挖掘教学中的德育素材，坚持在语言学习中融入思想品德教育、正确的价值观引领、身心健全的人格教育等，努力实现"立德树人"的教育目标。

参考文献

[1] 教育部.普通高中英语课程标准（2017年版）[M].北京：人民教育出版社，2018.

[2] 邵如玉.基于信息技术的小学英语教学的德育渗透——目标、任务、过程的案例分析[J].教育信息技术，2014（10）：73-76.

[3] 邓飞，李来春.高中英语学科教学中的德育渗透[J].基础教育参考，2015（3）：61-63，66.

[4] 李玲.浅谈高中英语阅读教学中的德育渗透——依托试卷中的文本资源[J].数码设计，2017，6（11）：135-136.

[5] 国家教育委员会.中小学德育纲要[S].北京：国家教育委员会，1993.

（深圳市福田区红岭中学　何晓炼）

高中物理教学中的德育渗透

随着物质生活的丰富，人们越来越关注公民的道德成长。提高公民的道德水平，在学校教育中加强德育教育是社会进步和发展的需要。德育是学校教育很重要的一个方面，应贯穿于教学的各个方面。学科教学是向学生进行德育教育最经常、最有效的途径。物理课程中包含着丰富的德育内容，物理教师要充分挖掘德育素材，将其有机地渗透到教学之中，促进学生全面、阳光地发展。

一、德育渗透的有效途径

物理知识中蕴含着丰富的德育内容，在教学过程中，教师要充分挖掘其中的育人素材，在"授业"的同时"传道"，德智并举，促进学生全面和谐地发展。

1. 结合教学内容进行爱国主义教育

爱国主义教育是德育的核心。物理课程中的爱国主义素材内容广泛真实，容易激起学生的爱国热情。在教学过程中，适当介绍我国现代化建设取得的成就，使学生树立民族自信心和自豪感。如学习运动学时，介绍我国的高速公路和高速铁路建设与交通的改善；学习万有引力与航天时，介绍我国的"嫦娥一号""嫦娥二号"的升天与运行情况，介绍"神舟八号"和"天宫一号"的交会对接；学习电磁学时，介绍我们国家电磁炮和磁悬浮列车的工作原理及发展情况；学习能量转化和守恒时，介绍三峡水电站及核电站的运行情况。当然也要看到我国在科学技术方面与发达国家的差距，进一步激发学生在科学道路上继续前进的愿望，好好学习，将来为国家的发展贡献自己的力量。也可以介绍爱国科学家的事迹。如材料科学家师昌绪得到新中国成立的消息后，不惧威胁、不为利诱毅然回到祖国，是1955年回国的35位科学家之一，多年来潜心研究绝密耐热合金材料，为我国歼-20隐形飞机的研制成功做出了突出贡献，为此获得2010年度"国家最高科学技术奖"。"两弹元勋"邓稼先、钱三强，气象学家赵九章，空气动力学家钱学森、郭永怀，激光学家王大珩，冶金学家吴自良等，他们为我国的现代化建设呕心沥血，有的甚至献出宝贵的生命。在授课时恰当地穿插这些爱国主义素材，不仅能增强学生学习物理的兴趣，还能激发学生的爱国情感。

2. 结合教学内容渗透辩证唯物主义教育

物理学作为一门自然科学，包含丰富的辩证唯物主义思想。物理学中的很多概念、规律体现了辩证的思想。质点、光滑表面、弹簧振子、单摆、理想气体、点电荷等概念都是理想化的模型，教学中教师要引导帮助学生构建这些物理模型，培养学生在处理实际问题时，抓住主要因素，忽略次要因素，坚持具体问题具体分析的辩证唯物主义思想。磁场、电场、重力场都看不见、摸不着，但它们确实存在，说明物质是不以人的意识而客观存在的，即世界具有物质性。电子、质子、中子的发现说明世界是可知的。作用力与反作用力、引力与斥力、导体和绝缘体等都是一对矛盾统一体，它们相互联系、相互制约、相互转化、相互依存，体现辩证统一思想。光的本性的研究历程体现否定之否定的思想。经典力学说明真理的相对性。麦克斯韦根据多年的研究预言电磁波的存在，二十年后，德国物理学家赫兹通过实验得到了证实，体现了理论联系实际的哲学思想。讲述"惯性"和"摩擦力"对人类有益一面和有害一面，可帮助学生树立"任何事物都是一分为二"的辩证观点。总之，在教学中渗透辩证唯物主义思想，不仅能帮助学生更深刻地理解物理概念和物理规律，也有利于学生掌握认识世界的方法，树立科学的世界观。

3. 通过实验培养学生的思维品质

物理学以实验为基石，很多物理定理、规律都是从实验中得出的，所有的理论假设必须由实验证实才能成为科学规律。在教学中要培养学生尊重事实、实事求是、严肃认真、按科学规律办事的态度和坚持不懈、坚定不移的意志。课本阅读材料中介绍了许多物理学家凭借严肃认真的科学态度和坚持不懈的努力，从而取得了重大物理学成果，比如焦耳、欧姆、法拉第、第谷、麦克斯韦、伽利略、哥白尼、胡克、哈雷、牛顿、赫兹、居里夫人、库仑、开普勒、洛伦兹、伦琴、卢瑟福、密立根、普朗克、汤姆生等。在物理实验课中教师虽不能要求学生像科学家那样去探索、研究，但是也要培养学生求实、求新、勇于探索、追求真理的精神。要求学生对实验中出现的问题要正确对待，分析实验中可能产生的误差并讨论减少误差的方案。这样，学生不仅看到一个实验现象、验证一个实验规律，而且掌握了一定的方法和技巧，有助于形成科学严谨的态度和思维品质，养成团结协作的习惯。

4. 为人师表，以身施教

虽然是高中生，但他们的人生观和世界观仍受到周围环境与人们的影响。学生对物理学科的热爱和对物理学家的崇拜会自觉不自觉地转化为对物理教师的崇拜，教师的言传身教对学生的影响很大。俗话说："其身正，不令而行；其身不正，虽令不从。"教师应该不断提高自身的思想道德素质和科学文化素质，以内心的热情和饱满的精神上课，用渊博的知识和智慧启迪学生的心灵，用宽广的胸襟和真诚的爱呵护每一名学生。要知道"亲其师，信其道"，学生才能在教师的榜样引导下，养成热爱科学、勤于思考、不折不挠的品质。总之，教师在教学过程中，处处要给学生做出表率，以自己良好的职业道德、高度的工作责任心、端正的工作态度和严谨的工作作风为学生树立榜样，在整个教学过程中以实事求是的科学态度去影响和教育学生，使他们成为品德高尚的人。

二、课堂教学中德育渗透的原则

1. 潜移默化原则

学校德育工作低效，其中德育工作在地位上"虚"，内容上"远、大、空"，形式上"单调、呆板"，显得苍白无力是重要原因。物理有其自身的学科特点，物理教师进行德育也要注意方法与效应相对应，注意改善与教育对象的关系。古人说，写文章"理不可以直指也，故即物以明理；情不可以显出也，故事以寓情"。我们也需要研究教育的"即物明理，即事寓情"，用爱心换爱心，以信任换信任。注意因势利导，淡化德育痕迹，让德育在教育中自然而然地进行，不知不觉中完成，即"润物细无声"，引起思想上的共鸣，增强德育的渗透性和效果。课堂教学中进行无声的德育渗透，避免口号式的说教，是一种行之有效的德育渗透原则。

2. 因材施教原则

物理教学中的德育应针对学生的状况因材施教，对于不同的学生要区别对待。此外，还应根据教学内容，选择适当的德育因素，要防止牵强附会，生搬硬套，贴形式主义标签。学科教学渗透德育一定要按学科自身的教学特点，结合每一节课的具体内容，自然地在课堂教学中渗透德育，切不可牵强附会，生搬硬套地硬性渗透，不要因为强调把德育放在首位，就非得在每一节课都戴一顶德育"帽子"或加一条德育"尾巴"。殊不知，学科教师在课堂教学中重视的学习兴趣的激发，学习动机、学习态度的培养就是德育的重要内容之一。

3. 情理法并用原则

情是学生思想教育的基础。许多实例说明，教育者和被教育者之间的情感浓厚，教育者的要求就容易被受教育者接受。情感熏陶可以使学生减少心理障碍，防止心理逆反，增强接受教育的自觉性和主动性。理是学生思想教育的根本。学生情感丰富，易于对客观事物产生激情。但他们阅历浅，经验不足，对客观事物的看法又容易偏激；故一定要以理服人，只有使学生掌握了科学理论，他们的人生信念才会树立得坚定持久。法是学生思想教育必不可少的手段。思想教育切忌简单化，要"以情感人，以理服人"。但没有法，情有时会变得没有原则，理也会显得苍白无力。只有法，才会使他们按照社会、学校的要求规范自己的行为。可见，对学生进行思想教育，情是必要的，理是必需的，法是不可或缺的，只有三者并用，德育才会达到理想的效果。

4. 持之以恒原则

俗话说："十年树木，百年树人。"教育是一个长期的过程，在物理中渗透德育也应持之以恒，切忌一曝十寒，只有这样，才能取得很好的效果。

5. 合作原则

教育是一个系统工程，物理中的德育也不可能是单枪匹马。物理中德育应与其他学科中的德育相辅相成，形成合力，与学校乃至社会精神文明建设相结合，使德育无处不在，无时不在，才能真正取得好的效果。

6. 对话原则

实现道德教育的互动，就必须在道德教育过程中采取对话式教学。"对话式教学"是指师生基于相互尊重、信任和平等的立场，通过言谈和倾听进行双向沟通、共同学习，达到视界融合的方式。对话是指各方内心世界的敞开，是对对方真诚的倾听和接纳，在相互接受与倾吐的过程中实现精神的相遇相通，也就是各方相互理解的过程。互动式道德教育以对话教学为基本形式，是以学生为本的道德教育。实施对话式道德教育，要求教师首先是一个好的引导者，既要保持一定的权威，又要以一种伙伴的态度介入学生当中。对话式道德教育强调对话情境中教师的倾听而非教师的独白。

三、德育渗透需要注意的几个问题

1. 注意内容的深浅和多少

物理教学中的德育渗透，既要在内容的多少和层次的深浅上把握尺度，又要确定适当的德育内容和目标。教师应多了解本节课对应的德育资料，并且根据教学内容的多少合理安排德育内容。既不能把物理课上成德育课，偏离物理教学的课程目标；也不能脱离学生的实际水平，提出过高的德育要求。

2. 德育渗透的方法要科学、恰当

知识学习强调接受、理解和创新；技能学习强调熟练运用；德育学习强调潜移默化。德育和物理教学遵循不同的教育规律，必须运用不同的教学方法。物理教师也要不断学习德育理论和德育的教育方法，在生活和实践中注意体察学生的道德成长。

3. 德育内容要有机地渗透到教学过程之中

在教学过程中有机地渗透德育内容，悄无声息地激发学生道德情感，要避免脱离具体内容和特定情境，孤立地、生硬地进行情感态度与价值观教育。这种教育是空洞的、无效的。从教书育人的机制来看，情感态度与价值观的教育应是教师自然流露的真情实感。

总之，在物理教学中如何进行德育渗透是值得探讨和研究的课题，需要每位物理教师从德育渗透的理论价值、教育价值等方面去挖掘，做到寓德育于教学之中，使传授知识、培养能力和德育教育有机结合起来，只有这样，才能做到教书和育人的统一。

（深圳市福田区红岭中学 赵刚）

浅谈在高中化学教学中的德育渗透

德育教育是新课改中的重中之重，化学核心素养提出进一步提升学生的综合素质，着力发展核心素养，使学生具有理想信念和社会责任感。我们就要顺应新课标的要求，在教学过程中既要注重学科内容的传授，也要注重对学生德

育的教育。特别是在高中阶段的化学教学中，渗透部分德育教育能够培养学生高尚的道德情操，以化学事例为基础的德育教育穿插于课堂，更能加深学生的受教育程度。

笔者作为一名化学教师同时兼任班主任，经过多年的教学实践，总结出应在以下途径中渗透德育。比如，深入挖掘化学教材中的人文资源，塑造高尚人格；结合化学实验，培养学生的环保观念与社会责任感；利用中外科学家的感人事迹对学生进行爱国主义教育；借助合作探究学习方法，培养学生团结合作的精神。

在化学教学中可以渗透哪些德育教育呢？

一、爱国主义教育在教学中的渗透

1. 利用中外科学家的感人事迹对学生进行爱国主义教育

在化学教学中，通过中外科学家的感人事迹对学生进行爱国主义教育，达到德育的目的。例如在讲解"钠和钠的化合物"时，引导学生认真阅读"侯氏制碱法"，并通过"中国化工之父"侯德榜先生的生平事迹培养学生的爱国主义情怀。侯德榜先生从小学习勤奋而且热爱祖国，在美国留学8年并获得了博士学位。随后他放弃了国外的优越条件，怀着报效祖国之心回到祖国，当日本人威逼侯德榜先生与其合作时，他严词拒绝并率永利碱厂众人入川，筹建了川厂。之后侯德榜潜心研究发明了"侯氏制碱法"，一举名震中外，为中华民族争得了国际荣誉。这样的例子不胜枚举。当这些事例穿插在课堂上、渗透到教学中时，无形中让学生的爱国主义情操得到了升华。

2. 用古今化学史的巨大成就教育学生

我国是世界四大文明古国之一，在化学发展史上有过极其辉煌的成绩。冶金、陶瓷、酿造、造纸、火药等都是在世界上发明和应用得比较早的。中华人民共和国成立后，科技水平逐年提高，工业生产能力飞速发展。1965年，我国科学家第一次用人工方法合成了具有生命活力的蛋白质——牛胰岛素；1982年，我国就成为世界上氮肥产量最高的国家之一；1993年底至1994年初，中国科学院北京真空物理实验室的研究人员以超真空扫描隧道显微镜（STM）为手段，在硅晶体重构表面上开展了原子操纵的研究，在硅晶体表面"写"出了最小汉字"中国"；21世纪"神舟五号""神舟六号"飞船的载人上天和"天宫一号"发射等，是我国继美国、俄罗斯之后的又一重大科技成果，说明我国高科技方面已名列世界前茅。通过这些丰富、生动的史料，可以开阔学生眼界，增长学生知识，激发学生的民族自豪感、自信心以及强烈的爱国主义精神，增强学生报效祖国的责任心和使命感。

二、树立正确的世界观，培养对立统一的辩证思想和量变到质变的发展观

在化学教学中，笔者在传授知识的同时加入了辩证唯物主义观的思想。例如在烷烃、烯烃、炔烃的同系物，烃的衍生物——醇、酚、醛、羧酸、酯的同系物的结构与性质的教学中进行对比，让学生认识物质间的共性与个性之间的关系。又如对高中化学中有关元素周期律和元素周期表之间的关系、单体与高聚物的关系等知识进行讨论教学，使学生们从中认识到由量变到质变的自然界普遍规律；有关卤素、硫、钠、氮等元素的单质及其化合物系统知识、极性分子和非极性分子的对比，让学生从中认识到自然界的事物是相互联系、相互制约的；有关硫化氢、钠在不同条件下燃烧产物的分析，1,3-丁二烯跟溴的加成反应，浓度、压强、温度和催化剂等因素对化学反应速度和化学平衡的影响等知识的讨论，让学生认识到变化的根据是内因，变化的条件是外因，外因是通过内因起作用的；通过氧化—还原反应、离子键和共价键的形成、电解质和非电解质、可逆反应中的正反应和逆反应、酸碱中和与盐类水解等相关知识的讲解，使学生们认识到矛盾对立是绝对的，矛盾统一是相对的，双方互为存在条件，且在一定条件下能够相互转换。辩证唯物主义在教学中的渗入稳固了学生的科学意识，防止了伪科学的渗入。

三、培养学生崇尚科学知识，树立科学的世界观等在教学中的渗透

传说中有"鬼火"，许多学生对其原因不明，深受这些思想的迷惑，便信以为真，就可以通过对白磷的学习，了解白磷的性质，知道"鬼火"是白磷自燃产生的现象，从而培养学生的科学精神。同时还可以通过课堂演示实验揭秘生活中的魔术，如"滴水生火"，用脱脂棉包住Na_2O_2（过氧化钠）粉末，放在石棉网上，在脱脂棉上滴水，从而使脱脂棉燃烧起来，并解析能使脱脂棉燃烧的物质是Na_2O_2粉末而非水，水只是起到了促进和催化作用，树立学生正确的

科学世界观。

四、环保教育和全球共同体精神在教学中的渗透

近年来雾霾现象严重，在教学中可抓住社会热点，进行有关环境污染和保护的知识点的教学，如酸雨与环境保护、NO_2与光化学烟雾、氟利昂对臭氧层的破坏、聚氯乙烯和"白色污染"等。通过课堂教育，使每名学生都懂得环境污染对人类生存、人们的生活所造成的巨大影响，增强学生环境保护的意识和责任感；让学生了解产生环境污染的原因和消除环境污染的方法，增强环境保护的能力和信心。另外，也可以通过指导学生做实验，切身实地地进行环境教育。例如在做有毒性气体（如SO_2、Cl_2等）放出的实验时，可增加尾气处理装置，以减少有毒气体的排放。对实验结束后的废液、废物应放入指定地点，这样既可减少污染，又教育学生环境保护要身体力行，从自身做起，只有这样，才能形成良好的环保习惯。

结合化学实验，培养学生的环保观念与社会责任感。我们可以像上述过程一样，在实验进行中插入环保与社会责任的观念意识，对学生进行环境保护教育，分析实验室的污染影响与现实中产生污染的可能性，并引导学生进行变废为宝实验。如用高锰酸钾制O_2的残留物，可用氯酸钾做制取O_2的催化剂，而实验最终的产物可以制作成钾肥。在实验中便培养了学生的社会责任感、环保意识与全球共同体的意识。

五、合作意识和团队精神等良好品德的教育在教学中的渗透

孔子说："其身正，不令而行；其身不正，虽令不从。"教师注意自身的形象，言传身教，以良好的行为习惯，坚定的信念、意志，勇于改革的创新精神状态去影响学生。同时在教学当中培养学生团结合作的精神，如在进行探究性实验活动或研究性学习时，可以让学生自己组合，一起设计实验，一起进行实验，一起分析，共同解决问题。通过参与式的交流合作，让学生在平等民主的基础上与他人互相合作，发挥同学间的相互影响、相互启发的教育作用，培养学生的合作能力。通过教师有意识的安排，使学生在充满合作机会的个体与群体交往中，克服自私和妒忌，学会沟通、学会互助、学会分享，既能够尊重他人、理解他人、欣赏他人，同时也能使自己更好地得到他人的尊重、理解和欣赏。

总的来说，德育的教育方式要因地制宜、因人而异，灵活地运用各种资源使德育教育完全渗透到日常教学中。我们需要利用化学学科特点，结合生活对学生进行德育教育，力争做到润物细无声，不能生硬植入，否则会引起学生反感。在具体实施时，明确爱国主义情感、辩证唯物主义的科学态度以及崇高的道德品质三个方面的德育要求，采取合理的德育渗透途径和方法。笔者相信只要在教学中结合学生思想实际和接受能力，有机渗透，潜移默化，就能达到德育、智育的双重教育目的。

需要注意的是，德育不能忽视，同样德育也不能在教学中被过分夸大而影响正常的教学任务，导致本末倒置的情况出现。在高中化学教学中应不断地渗透德育内容，适当地进行学生的德育教学，展现课堂这"教育第一阵地"的地位与魅力，达到教书育人的目的。

参考文献

［1］教育部.普通高中化学课程标准（实验）［M］.北京：人民教育出版社，2003.

［2］林格.教育，就是培养习惯［M］.北京：清华大学出版社，2007.

［3］陈飞.高中化学教学中如何渗透德育［J］.课程教材教学研究（教育研究），2011（5）：42-31.

［4］苏洪仙.高中化学教学德育渗透艺术［J］.珠江教育论坛，2011（2）：30-31.

（深圳市福田区红岭中学　王平）

高中生物教学中的德育渗透

《普通高中生物学课程标准》（2017年版）提到，高中生物课程是以提高学生生物学核心素养为宗旨的学科课程。而学科核心素养是学科育人价值的集中体现，是学生通过学科学习而逐步形成的正确价值观念、必备品格和关键能力。因此，高中生物教材为德育渗透提供了极其丰富的素材，是树立社会主义核心价值观、落实立德树人根本任务的重要载体。《中小学德育工作指南》（教基〔2017〕8号）在"课程育人"中提到，要"充分发挥课堂教学的主渠道作用"。"数学、科学、物理、化学、生物等课程要加强对学生科学精神、科学方法、科学态度、科学探究能力和逻辑思维能力的培养，促进学生树立勇于创新、求真求实的思想品质。"

由于生物学科具有较强的理科特性，教材中每一小节的教学目标中德育目标表述较少，很容易使学科教师较多地重视它严密的知识体系传授，而忽略其深邃的德育内容渗透。笔者依据《普通高中生物学课程标准》（2017年版）与《中小学德育工作指南》中德育方向的指引，将高中课本中的德育素材分类整理，希望能够方便更多的学科教师借助德育渗透的知识载体，把德育思想贯穿于日常教学过程中。

一、生命观念

"生命观念"是指对观察到的生命现象及相互关系或特性进行解释后的抽象，是经过实证后的想法或观点，是能够理解或解释生物学相关事件和现象的意识、观念与思想方法。学生在较好地理解生物学概念的基础上形成生命观念，能够用生命观念认识生物的多样性、统一性、独特性和复杂性，形成科学的自然观和世界观后，自然会破除神创论，树立辩证唯物主义思想，并以此指导探究生命活动规律，解决实际问题。如结构与功能观、进化与适应观、稳态与平衡观、物质与能量观等。生命意识是人类对自身生命和他类生命的尊重和关爱。生物学科对学生进行生命意识教育具有独特的优势。生物学是研究生命发生和发展规律的科学。只有认识和掌握生命的规律，才能更好地尊重、关爱生命。

生命观念与德育渗透知识载体举例

生命观念主要内容	德育渗透知识载体举例
结构与功能观	必修1：细胞的多样性和统一性中，哺乳动物成熟的红细胞没有细胞核与各种细胞器，呼吸方式是无氧呼吸；原核细胞无染色体，细胞增殖是二分裂，不能进行有丝分裂、无丝分裂与减数分裂。植物细胞的叶绿体通过类囊体薄膜来增加酶的附着面积，是光合作用的场所；线粒体通过内膜突起形成嵴来增大呼吸酶的附着面积，是有氧呼吸的主要场所等

生命观念主要内容	德育渗透知识载体举例
进化与适应观	必修2：第7章第2节自然选择对种群基因频率变化的影响。19世纪时，英国曼彻斯特地区的树干上长满了浅色型的桦尺蠖。后来，随着工业的发展，工厂排出的煤烟使地衣不能生存，树皮裸露并被熏成黑褐色。决定黑色体色的s基因频率增大这一进化的产生，有利于桦尺蠖的生存，是桦尺蠖对熏黑树干的一种适应
稳态与平衡观	必修3：第1章人体内环境与稳态。人体通过水盐平衡、体温调节平衡、血糖平衡、免疫调节平衡、内分泌激素平衡达到内环境的稳态与身体健康。渗透生命与集体均需要通过各项事务与指标的平衡，实现平衡与和谐
物质与能量观	必修1：细胞呼吸与光合作用中，细胞或生物体在物质的合成与分解的同时，伴随着能量的储蓄与释放 必修3：生态系统的物质循环中，能量流动和物质循环是生态系统的主要功能，二者是同时进行的，彼此相互依存，不可分割。能量的固定、储存、转移和释放都离不开物质的合成与分解等过程。物质作为能量的载体，使能量沿着食物链（网）流动；能量作为动力，使物质能够不断地在生物群落和无机环境之间循环往复。生态系统中的各种组成成分，正是通过能量流动和物质循环，才能够紧密地联系在一起，形成一个统一的整体
爱护生命珍惜生命	必修1：细胞的生命历程中，通过对细胞的增殖、分化、衰老、凋亡和癌变的了解，辐射开去，知道世界万物都有其发生、发展、消亡的规律，人们可以认识、应用这个规律，让世界更美好。就对待生命而言，我们应该爱护生命，珍惜生命，在有生之年，让生命熠熠生辉

二、科学思维与科学探究精神

"科学思维"是指尊重事实和证据，崇尚严谨和务实的求知态度，运用科学的思维方法认识事物、解决问题的思维习惯和能力。学生应该在学习过程中逐步发展科学思维，如能够基于生物学事实和证据运用归纳与概括、演绎与推理、模型与建模、批判性思维、创造性思维等方法，探讨、阐释生命现象及规律，审视或论证生物学社会议题。"科学探究"是指能够发现现实世界中的生物学问题，针对特定的生物学现象，进行观察、提问、实验设计、方案实施以及对结果的交流与讨论的能力。学生应在探究过程中逐步增强对自然现象的好奇心和求知欲，掌握科学探究的基本思路和方法，提高实践能力；在探究中，乐于并善于团队合作，勇于创新。

高中生物教材中，关于科学发展史与科学实验的内容比较多，在实验中不仅能够学习到科学家严谨缜密的科学思维、科学方法，也能够体会到科学家严谨求学、锲而不舍的科学精神。相关典型的德育素材在很多地方都有体现。必修1中细胞学说建立的过程，体现了理论思维与科学实验的结合以及魏尔肖严谨求实态度下对细胞学说的修正；在生物膜结构的探索历程中，科学家们对一个个问题锲而不舍的科学探究精神；恩格尔曼的叶绿体功能探究实验中巧妙的设计以及光合作用的探究历程；等等。必修2中最突出的是孟德尔的科学思维与探究精神。通过分析孟德尔遗传实验获得成功的原因，渗透孟德尔热爱科学、锲而不舍、尊重事实并运用科学的思维方法认识事物、解决实际问题的思维习惯和能力。孟德尔在实验研究中"假说—演绎法"的方法创新、思维创新，体现了科学家的创造性思维以及勇于创新的科学探究精神。必修3促胰液素的发现过程中，从另辟蹊径的斯他林和贝利斯不畏权威、勇于创新的精神到巴普洛夫的感慨都是非常好的德育渗透点。

三、社会责任

"社会责任"是指基于生物学的认识，参与个人与社会事务的讨论，做出理性解释和判断，解决生产生活问题的担当和能力。学生应培养造福人类的态度和价值观，积极运用生物学的知识和方法，关注社会议题，参与讨论并做出理性解释，辨别迷信和伪科学；结合本地资源开展科学实践，尝试解决现实生活问题；树立和践行"绿水青山就是金山银山"的理念，形成生态意识，参与环境保护实践；主动向他人宣传关爱生命的理念和知识，崇尚健康文明的生活方式，成为健康中国的促进者和实践者。高中生物中典型的德育渗透点有：必修1中细胞癌变的预防需要健康的生活方式；必修2中否定神创论的辩证唯物主义精神；必修3第5章中合理放牧、合理捕捞以及第6章中保护我们家园的责任担当意识。

四、爱国主义教育

虽然爱国主义教育不是理科学科重点渗透的德育思想，但是高中生物教材中也有许多爱国主义教育的德育素材。例如，必修1的科学家访谈中，世界上第一个人工合成的蛋白质——具有生物活性的结晶牛胰岛素是由我国科学家完成的；必修2中"杂交水稻之父"袁隆平，基因工程成果中我国研制了乙肝疫苗、抗虫棉花，"人类基因组计划"课题研究中我国参与并顺利完成了其中1%的基因测序工作；必修3中我国植物生长调节剂的研究和合成；等等，均极大地激发了学生的爱国主义精神和民族自豪感。

此外，建议学科教师在渗透德育思想时，要给出学生明确的德育渗透观点的提示，避免教师本想无痕教育，学生却不知所云、毫无会意的情况发生。例如，在必修1第6章细胞的生命历程的细胞癌变致癌因子的教学中，教师要把提醒学生远离致癌因子、养成健康的生活习惯与阳光心态；做一名讲文明、讲公德的公民，不吸烟、不让周边人吸二手烟；珍爱个人与他人的生命等作为这节课德育渗透的点睛之笔。

（深圳市福田区红岭中学　高军丽）

高中政治学科教学中的德育渗透点

高中政治承担高中思想道德教育的主要任务。本文认真研究了高中四本必修书，精选高中政治教学中的德育渗透点，有助于政治教师在教学中有意识地进行思想政治教育，培养学生正确的世界观、人生观、价值观。《资治通鉴》说："德胜才谓之君子，才胜德谓之小人。"意思是强调选拔人才要德才兼备。《周易·系辞下》说："德不配位，必有灾殃。"意思是如果一个人的德行配不上所处位置，会给自己和他人带来灾难。中国古人一直非常重视德育教育，儒家把"仁义礼智信"作为立身之本，历代王朝选拔人才也非常重视德行。现代，人们也越来越意识到道德水平在处理人与自己、人与自然、人与社会关系上的重要性。因此，作为高中德育主阵地的政治课，必须扛起德育大旗，培养有较高道德水准的公民。

高中课堂目标有知识、能力、情感态度与价值观目标三个维度，第三个维度也就是德育目标。在政治教参中有非常明确的德育要求，比起其他学科，高中政治教学中的直接德育内容较多，教材与德育的衔接点更多，为教师的德育渗透提供了更广阔的舞台。笔者认为，高中政治教师对自己、对学生都应该有高于社会平均水平的道德要求。教师应该主动思考：对处于世界观、人生观、价值观形成关键阶段的高中生，应进行哪些方面的德育渗透？又应该如何结合教材去实现这些渗透？以下是笔者对这几方面问题的粗略归纳总结。

一、诚信意识渗透

《经济生活》第五课要求"企业必须守法经营，公平竞争、诚信守约；承担社会责任，讲求社会效益"，"企业要诚信经营，树立良好的信誉和企业形象"。

《经济生活》第九课要求"市场交易必须自愿、平等、诚实守信"，指出"诚实守信是现代市场经济正常运营必不可少的条件"，"形成以道德为支撑、法律为保障的社会信用制度，是规范市场秩序的治本之策。切实加强社会诚信建设，建立健全社会征信体系，褒扬诚信，惩戒失信，在全社会形成守信光荣、失信可耻的氛围"。

《政治生活》第一单元要求公民行使监督权必须坚持实事求是的原则，第二单元要求政府树立求真务实的工作作风。

当前，诚信缺失已经成为我国一个严重的社会问题，直接危及公民身体健康乃至生命安全，影响社会正常的经济秩序。以上内容都在明确要求学生培养诚信意识，做合格的社会公民，是针对社会问题的积极倡导。

二、绿色环保意识渗透

《经济生活》第三课在讲正确的消费观时，强调要"保护环境，绿色消费"，提出应"树立尊重自然，顺应自然，保护自然的生态文明理念"。

《经济生活》第十课指出"我国正在成为全球生态文明的重要参与者、贡献者、引领者"，要求"坚持绿色发展，必须坚持节约资源和保护环境的基本国策，坚持可持续发展，坚定走生产发展、生活富裕、生态良好的文明发展道路"，"推进绿色发展，要倡导简约适度，绿色低碳的生活方式，反对奢侈浪费和不合理消费，创建节约型机关，绿色家庭、绿色学校和绿色社区"。

《生活与哲学》第四课讲人要尊重规律，这个规律就包括自然规律。尊重自然规律意味着我们要"上律天时，下袭水土"，要"斧斤以时入山林"。

《生活与哲学》第十一课讲价值和价值观时，可以引导学生探讨为何不同时代的人们对于森林价值有不同看法，为何我国政府的价值评价标准由单纯的重视GDP到重视绿色GDP，由此对学生进行绿色环保意识教育。

要金山银山还是绿水青山？二者可否兼得？是我们当前经济发展面临的一个重要问题。通过教师的德育渗透，强化学生的绿色环保意识，有助于他们在今后生活的每一天，珍惜资源，珍惜生活环境，维护绿水青山，走可持续发展之路。

三、依法纳税意识渗透

依法纳税意识主要集中在《经济生活》第八课"财政与税收"，课文重点讲解了财政的作用，个人所得税和增值税的作用，指出我国税收的本质是取之于民，用之于民，进而提出"依法纳税是公民的基本义务"，每个公民在享受国家提供的各种服务的同时，必须承担义务，诚信纳税。

依法纳税是每个公民的义务。然而，现实生活中偷税漏税现象非常严重。培养中学生纳税意识，有助于他们形成较高的道德水平，在今后的经济生活中能自觉守法。

四、开放胸怀及世界眼光，尊重世界文化，关注人类共同利益

《经济生活》第十课提出"创新，协调，绿色，开放，共享五大发展理念"，这是"十三五"规划的灵魂，其中开放理念是改革开放以来基本国策的延续。

《经济生活》第十一课讲到了经济全球化的积极意义，指出我国是经济全球化的受益者，更是贡献者，提出要"继续坚持对外开放的基本国策，坚持打开国门搞建设，主动参与和推动经济全球化进程，发展更高层次的开放型经济"。

《政治生活》第四单元"当代国际社会"倡导建立以和平共处五项原则为基础的国际新秩序，指出和平与发展符合世界人民的根本利益，把维护世界和平，促进共同发展作为我国外交政策的宗旨，要求增强我国对国际事务的代表性和话语权，构建人类命运共同体，不断为人类做出更大贡献。

《文化生活》第三课指出"文化多样性是人类文明进步的动力"，所以要

"尊重其他民族文化，相互借鉴，求同存异，共同促进人类文明进步"。在讲"文化创新的途径"这一知识点时，强调"面向世界，博采众长"，倡导海纳百川的胸怀，反对封闭主义。

中国近代史是一部屈辱史，闭关锁国带来的落后挨打，教训深刻。所以，培养学生开放、包容意识，做有大格局、有世界眼光的人，从小处说是个人素质修为的一部分，从大处说事关国家发展前途。教师在教学中进行这方面的意识渗透是很有必要的。

五、民主法治精神渗透

民主精神主要体现在《政治生活》前三单元。第一单元"公民的政治生活"介绍了我国的国体，我国公民的民主权利以及实现民主的形式。这些都是民主政治的重要内容。第二单元"为人民服务的政府"，通过讲解政府的宗旨和原则、职能、对政府的监督，体现我国的民主政治。第三单元"发展社会主义民主政治"，学习了我国的人民代表大会制等一系列民主制度。

法治精神也主要分布在《政治生活》前三单元。如贯彻落实依法治国理念，党要依法执政。全国人大及其常委会要正确行使立法权，使依法治国做到有法可依。政府要依法行政。司法机关要公正司法，严格执法。公民要依法自觉有序参与政治生活，增强法律意识和法制观念。坚持公民在法律面前人人平等的原则，履行遵守宪法和法律的义务。

中国有五千年的文明史，其中封建社会占了近两千年。落后的封建意识至今未能彻底从人们心中去除。而一个社会主义民主社会，需要公民提高民主法治意识，这有赖于一代代人的学习、努力、争取。无论是教材还是教师，都应当担起这一责任，进行积极的民主法治意识宣传教育。

六、公民意识和社会责任感，权利义务意识渗透

《经济生活》中的依法纳税意识、诚信意识就是公民意识的一种体现。但公民意识更多地体现在《政治生活》部分。第一单元"公民的政治生活"强调了公民的权利和义务内容及公民民主参与的途径，指出公民应"提高参与公共事务的热情和信心，增强公民的社会责任感"，应"增强公民意识，树立社会主义民主法治、自由平等、公平公正的理念"，应"提高自身政治素养，提高

参与政治生活的能力"。

《政治生活》第二单元"为人民服务的政府",提倡公民与社会对政府权力的监督,这也是公民意识的体现。

所谓"公民意识",其实就是权利义务意识。但在现实生活中,人们权利意识淡薄,不善于维权现象普遍,逃避责任义务现象更是不少。究其原因,有宣传教育不到位之责。所以,加强这方面的德育渗透,培养合格的社会公民,是建设一个文明发达国家的必选项。

七、热爱中国共产党

《经济生活》第五课的"劳动和就业",宣传了党的就业优先政策和积极就业政策。第七课的"收入分配与社会公平",需要结合时政讲解党的分配政策调整。第九课的"市场配置资源",也需要结合历史讲党的重大经济体制调整及其积极意义。第十课需要介绍党的发展新理念和丰硕成果。这些内容都可以渗透思想道德教育内容,培养学生对中国共产党的感情。

《政治生活》第六课详细介绍了党的产生的历史必然,党的执政方式、执政理念、执政宗旨、组织活动原则、指导思想等,通过对这些的了解,有益于学生了解中国共产党,增强认同感以及培养对党的感情。

《文化生活》第四课讲"传统文化的继承"时不能不提到党对传统文化复兴所做的巨大努力。第七课的"弘扬民族精神",课文提及新民主主义革命时期,中国共产党人的革命精神成为中华民族精神的主体。第九课的"走中国特色社会主义文化发展道路",介绍了党在实现中华文化复兴的过程中,始终代表先进文化的前进方向,以及我国在走中国特色社会主义文化发展道路过程中,党所起的领导核心作用。

热爱中国共产党是高中德育教育的重要内容,这要求教师深入挖掘教材内容并结合时政,宣传党的领导地位的历史必然和执政取得的辉煌成就。

八、爱国主义渗透

《经济生活》第一课讲外汇时,涉及人民币在国际上地位的提高这个时政热点。第八课讲财政作用时,涉及国家运用财政在改善人民生活、促进社会公平、合理配置资源、促进国民经济平稳运行方面发挥的巨大作用。第十课总结了我国党的十八大以来社会主义经济建设取得的伟大成就，以及如何开启新征程和对未来中国梦的美好展望。第十一课讲对外开放时，需要积极宣传我国的"一带一路"和"海上丝绸之路"的构想、行动和积极成效。

《政治生活》四个单元，分别从公民、政府、党、民主制度、国际社会等几个角度介绍我国的政治生活以及取得的进步和成就。

《文化生活》部分，第四课介绍了我国值得自豪的传统文化，第六课介绍了博大精深、源远流长的中华文明，第七课讲了我国伟大的民族精神，第四单元介绍了中国特色社会主义文化。

这些经济、政治、文化方面的成就是值得骄傲的国家民族复兴成果。教师应引导学生培养爱国情怀，唤起中学生强烈的民族认同感和爱国主义精神。

九、创新精神渗透

关于创新精神，《经济生活》第五课指出"企业要提高自主创新能力，依靠技术进步、科学管理等手段，形成自己的竞争优势"。第十课指出"创新驱动发展战略大力实施，创新型国家建设成果丰硕"，进而要求"坚持新发展理念"，"牢固树立并切实贯彻创新理念"。

《政治生活》部分，第一单元提倡公民政治参与具体渠道的创新。第二单元指出政府要深化改革，简政放权，创新对政府的监督方式。第三单元的要推进国家治理体系和治理能力现代化也是在提倡创新。

《文化生活》部分，第五课"文化创新"回答了什么是文化创新，为什么要创新以及如何创新。

《生活与哲学》部分，第八课"用发展的观点看问题"，实际就是提倡创新。第十课"创新意识与社会进步"，更是用了一整课的篇幅，讲解创新的辩证法依据和创新的现实意义。

"流水不腐，户枢不蠹。"事物只有在运动中才能存在，人类也只有在创新中才能进步。故步自封带来了惨痛的历史教训，所以党和国家十分重视创新。而我们每个人的生活，其实也需要创新，为平凡添一抹亮丽的色彩。所以，创新不仅是国家战略，也是个人生活技巧。

十、热爱优秀传统文化，进行文化自信教育

近年来，政治高考题经常引用古诗文作为题干内容，呈现出高考重视传统文化学习的趋势。各电视台也推出了很多弘扬传统文化的好节目，如《中国诗词大会》《成语英雄》《中国汉字听写大会》《喝彩中华》等。这是党的十八大以来，党和国家大力弘扬传统文化的结果。

因此，在讲授《文化生活》这本书时，教师随时都可拿传统文化知识举例，潜移默化中培养学生对传统文化的热爱。比如，讲"感受文化的影响"时，以《水浒传》中的三个人物（武松、鲁智深、李逵）为例，讲文化对他们的交往行为和方式、实践活动、认识活动、思维方式的影响；讲"传统文化的继承"时，把茶艺表演搬到课堂；讲"永恒的民族精神"时，讲述夸父逐日、神农尝百草、戚继光抗倭、土尔扈特回归、康熙帝打败沙俄等故事；讲"文化的作用"时，讲伯夷叔齐耻食周粟、越王勾践卧薪尝胆、西汉匡衡凿壁借光、东汉孔融让梨等。

在讲《生活与哲学》这本书时，也可以大量举例传统文化知识说明哲学原理。比如，揠苗助长、天行有常——规律具有客观性；刻舟求剑——运动是永恒的；苟日新，日日新，又日新——发展的普遍性。

中国五千年的传统文化是中华民族文化的根，是政治课堂无尽的素材来源，而近年来各类弘扬传统文化的节目给政治课堂以无尽的新鲜形式，国家的文化导向又给弘扬传统文化的政治教学以巨大的底气。

十一、坚定走中国特色社会主义道路的信心

《经济生活》第四课讲我国公有制为主体，多种所有制经济共同发展的基本经济制度。第七课讲了我国按劳分配为主体，多种分配方式并存的分配制度。第九课讲了我国社会主义市场经济。这些都是有中国特色的社会主义经济制度。

《政治生活》第一单元讲了我国的基层民主自治制度，第三单元讲了我国的人民代表大会制度、中国共产党领导的多党合作和政治协商制度、民族区域自治制度和宗教信仰自由政策。这些都是有中国特色的社会主义政治制度。

《文化生活》第四单元要求发展中国特色社会主义文化，走中国特色社会

主义文化发展道路，是建设社会主义文化强国的必由之路。

《生活与哲学》第九课"矛盾的特殊性"是发展中国特色社会主义的哲学依据，矛盾普遍性和特殊性辩证关系原理是马克思主义基本原理和中国实际相结合的哲学基础。

以上内容学习过程中，教师都可以强调中国特色社会主义建设取得的各方面成就，坚定学生走中国特色社会主义道路的信心。

十二、历史唯物主义和辩证唯物主义教育

《经济生活》中，生产与消费的关系、生产力与生产关系的关系体现了辩证法矛盾的观点，创新驱动发展战略和新发展理念体现了辩证法发展的观点与辩证否定观。我国的基本经济制度和分配制度可以用矛盾主次方面原理解读。

《政治生活》中，民主和专政的关系、公民权利义务的统一、和平与发展的关系是矛盾观点的体现。为人民服务的政府、中国共产党执政为民，体现了党和政府坚持群众观点和群众路线这一历史唯物主义观点。

《文化生活》中，文化的相对独立性，就是社会意识相对独立性的表现。文化的作用中涉及意识形态部分，就是社会意识的作用，也是价值观的导向作用的体现。文化塑造人生，是联系观点的体现。对待腐朽文化和落后文化不同的对策，是具体问题具体分析。建设社会主义精神文明，加强思想道德建设，是发挥意识的能动作用。

《生活与哲学》整本书，都在讲历史唯物主义和辩证唯物主义。

教师在一轮复习时，可以打通四本书之间的知识关联，培养学生的综合思维能力。

高中思想政治课涉及的德育渗透点远不止以上列举的十二点。笔者在此只是抛砖引玉，希望更多的政治教师自觉担负起德育的重任，为培养德才兼备的合格公民尽到自己的责任。

（深圳市福田区红岭中学　郭岸柳）

高中历史教学中的德育渗透

德育工作是学校工作的重要一环。教育为本，立德树人。加强德育工作，对学生进行思想道德方面的培养和教育，有利于学生尽快成长为社会主义的建设者和接班人。这是党的十九大以来国家教育政策的发展方向。如何将德育工作做实、做细，考验着每一位德育工作者的智慧。作为一名班主任和一名历史教师，如何整合教育资源，发掘学科教学中的德育渗透点，将历史教学与德育工作相结合，是笔者一直思考并研究的内容。

历史学科本身的特点决定了其与德育之间关系匪浅，在历史学科中也有非常多的素材适合进行德育渗透。笔者认为，高中历史教学中的德育渗透方式有如下几种。

一、课堂教学中的德育渗透

课堂教学是历史教学的主阵地，课堂教学是师生利用40分钟时间对某一教学内容的授课与学习过程，也是教学效果得以保障的前提。因此，作为历史教师，应该利用好课堂教学的时间，提前做好教学设计，研究课标、考纲，将重点、难点知识落实到位。此外，根据三维教学目标中的情感态度与价值观目标设定，将德育知识渗透其中，帮助学生提高综合素养。

如何做好课堂教学中的德育渗透，笔者认为要抓好以下几点。

1. 利用典型历史人物进行渗透

读史可以明智，读史可以知兴衰、明更替。历史上著名的人物，他们身上所蕴含的精神是值得我们学习的。通过学习典型历史人物的事迹，可以帮助学生树立正确的世界观、人生观、价值观，有利于弘扬正能量精神，培养合格的社会主义建设者和接班人。

比如，从秦始皇、汉武帝等封建君主身上，学生可以认识到他们大一统的丰功伟绩，也可以吸取秦始皇统一六国后实行暴政，最后导致民心尽失，二世而亡的历史教训。同样，汉武帝后期穷兵黩武，劳民伤财，统治出现了危机。

从李贽、顾炎武、黄宗羲、王夫之等明清之际的思想家身上，我们可以看到他们在程朱理学占统治地位的时代敢于发出不同的声音，敢于批判君主专制，体现出明清之际知识分子敢于为时代发声，为群众发声的无畏精神和责任担当。

从欧洲文艺复兴、启蒙运动思想家身上，我们看到他们认真思考人生，重视、肯定人的价值和尊严，肯定人性的理想主义和战斗精神，这些精神鼓舞后世的人们不断前行。

此外，教育者还可以利用历史人物进行挫折教育，培养学生坚强的意志品质。

比如，从司马迁身上，我们可以看到他经历人生挫折后没有被击垮，而是忍辱负重，写出了传世巨著《史记》。

2. 利用典型历史事件进行渗透

通过对历史上的典型事件进行学习，使学生了解中华优秀传统文化，加强爱国主义教育。

比如，对我国古代辉煌灿烂的手工业进行学习，让学生了解我国古代先民在青铜铸造、冶铁、制瓷和丝织业等方面的辉煌成果，让学生了解中华文明源远流长，我国先民智慧超群，中华文化博大精深，从而增进对祖国的热爱，加强爱国主义教育。

通过对近代百年屈辱史的学习，使学生树立责任意识。

近代中国在政治上属半殖民地半封建社会，在经济上，自然经济逐渐解体，遭受列强的经济侵略。百年屈辱，难以忘记。这样的一百年，也是中国社会跌宕起伏的一百年。不同阶级、不同派别为了挽救民族危机，分别做出了不同的努力。如地主阶级抵抗派提出"开眼看世界""师夷长技以制夷"；地主阶级洋务派提出"中体西用""师夷长技以自强"；资产阶级维新派提出变法图存，学习西方君主立宪制；资产阶级革命派主张学习民主共和制，推翻清王朝统治，建立"中华民国"；资产阶级激进派发起新文化运动，学习西方思想文化。不同派别的努力虽然成效各有不同，但其初衷都是为了挽救陷入危机的祖国，体现了他们的爱国精神和"天下兴亡，匹夫有责"的责任意识。

通过对这些史实的学习，有助于激发学生的爱国热情，同时引导学生思考，为什么其他阶级的救国努力都失败了，最终得出"只有共产党才能救中国"的结论，也坚定了学生以国家发展为己任的责任意识和爱国热情。

再如抗日战争期间，国共两党联合抗日，无数仁人志士为了国家、民族大义抛头颅、洒热血，救祖国于危难，救人民于水火。他们中有年纪轻轻就牺牲的赵一曼，有儿女尚幼的戴安澜，有抗日英雄左权……这些英雄身上所体现的爱国主义精神，鼓舞着每一位中国人在新的时代不懈奋斗，为把我国建设成为社会主义现代化国家而努力。

3. 利用典型思想进行渗透

通过对中国传统文化主流思想——儒家思想的学习，让学生体会儒家学者所倡导的"仁、义、礼、智、信"思想，有利于进行生命教育、人本教育、诚信教育等德育内容的渗透，有利于培养学生的道德情操，提升学生的人格修养。

通过对近代救亡图存思想的学习，让学生体会在半殖民地半封建社会的中国，爱国志士是如何努力寻求中国富强之道的，从而培养学生的爱国主义精神，树立正确的民族观、国家观。

4. 利用历史素材、史料进行渗透

历史不光是教材上的文字，浩如烟海的史书、回忆录、古迹都可成为教学素材。教师在教学中要学会使用历史素材，选择适当的史料进行德育渗透。

通过抗战家书的选取，让学生通过品读家书，体会抗战英烈的报国热情，感受他们不畏牺牲、敢于斗争的民族精神，让学生更加深刻地了解抗日战争的历史，更加珍惜今天来之不易的和平，更加明白只有全民族团结一致方能取得一切艰苦斗争的胜利，既培养了学生的爱国热情，又使学生尊重英烈、铭记历史，培养家国情怀。

二、课后练习中的德育渗透

历史教学不光在课堂上，课后练习特别是习题训练同样可以进行德育渗透。

新课改理念下，高考越来越体现出对学科核心素养的要求。如近三年全国卷一、卷二、卷三中都体现了关注人本、贯彻立德树人的要求，贯穿着浓厚的家国情怀和鲜明的价值指引。2018年全国卷既有对中华优秀传统文化的考查，也有对社会治理政策不断调整、契约精神以及世界意识的关注。这些试题紧紧围绕"激荡家国情怀、传承时代精神"这一主题展开，突出了引导学生树立正确的国家观、民族观、文化观、历史观这一核心思想。如全国卷一第24题通过《墨子》中有关"圆""直线""正方形""倍"的定义和对杠杆原理的叙述，反映了中国古代劳动人民在生产实践中总结的经验智慧，引导学生认识劳动人民创造历史的唯物主义历史观。又如全国卷二第27题呈现了传统戏曲昆曲的精美与雅致，全国卷三第26题讲述了我国古代药学的发展脉络，考查学生对传统文化的深层理解和认知能力，从而树立正确的文化观，增强对中华优秀传统文化的理解和尊重。再如全国卷一第29题，以五四运动后社会主义是否适合中国国情的争论为背景，得出只有社会主义才能发展中国的历史结论，引导学生认清社会主义与资本主义的本质区别，这些都属于德育理念在历史题目中的渗透。

因此，教师在平时布置题目时要注意选择有利于德育理念渗透的题目，在讲解题目时，要注意挖掘题目中的德育理念，以润物无声的方式将德育工作落在实处、做在细处。

三、课外活动中的德育渗透

历史学科除了课堂教学和课后作业外，有条件的地区和学校还应适当组织开展课外活动，让学生通过课外活动，积极探索，在实践中求真知、促成长。

课外活动可选择有历史教育意义的场所。比如，笔者曾组织学生参观深圳博物馆，学生通过在博物馆观展，了解深圳的发展变化，感受深圳在古代、近代、现代是如何从边疆一隅发展为一座现代化大都市的。博物馆中的许多展品都是较好的德育渗透载体，给学生以震撼和启迪。如学生参观深交所交易的照片以及基建工程兵建设深圳的照片，既有助于学生了解改革开放以来深圳的发展历史，又有助于增进学生热爱家乡、建设家乡的热情。

此外，还可以选择当地一些具有纪念意义的场所。比如，深圳学生可以去莲花山登山，在山顶邓小平塑像前缅怀伟人，向这位提出改革开放和建设社会主义市场经济体制的伟人致敬。同时俯瞰山下的市民中心，凝望大鹏展翅造型的深圳市委、市政府，感受改革开放以来深圳不断发展、一飞冲天的豪气与勇气。学生还可以近距离探索邓小平塑像背后那块被选入历史教材的著名的纪念碑。碑上有邓小平所题的大字："深圳的发展和经验证明，我们建立经济特区的政策是正确的。"它时刻告诉我们，改革开放，建立经济特区，是新中国发展历程中非常重要的里程碑，改革开放推动了深圳乃至全国经济的发展，使中国屹立于世界民族之林，成为多极世界中的重要一极。学生的国家自豪感、民族自豪感油然而生，更加坚定了建设国家的使命感、责任感。

四、基于核心素养的高中历史教学中的德育渗透内容

历史学科有唯物史观、时空观念、史料实证、历史解释、家国情怀五大核心素养。历史教学中进行德育渗透也要基于这五大核心素养展开。

1. 唯物史观

2017年版的《高中历史课程标准》（以下简称《课标》）指出："唯物史观是揭示人类社会历史客观基础及发展规律的科学的历史观和方法论。"

唯物史观是一个博大精深的理论体系，它科学地揭示了社会结构是由生产力、生产关系（经济基础）和上层建筑三个层次的因素组成的。它阐明了三者之间的辩证关系，即重视生产力对生产关系、经济基础和上层建筑的决定性作用，同时也承认上层建筑对经济基础、生产关系和生产力的能动的反作用。唯物史观还论述了物质生产与精神生产、物质生活与精神生活、社会存在与社会意识之间的辩证关系。唯物史观的基本理论和观点有以下几点。

第一，社会存在决定社会意识，为人类认识自身社会的历史演进确立了科学的理论基石。一切历史事件和历史现象都是人们的行为造成的，而人们的行为是由他们的动机、目的和意志支配的。支配人们行动的意识、动机、目的和意志受到社会存在的支配和决定。

第二，生产力决定生产关系。生产是一切社会进步的尺度，社会生产力的发展水平，决定人类社会的进程。与生产力发展相适应的生产关系，构成一定的社会形态和经济结构的现实基础。这一观点帮助我们更深入地理解人类社会纵向发展、横向发展以及两者之间的辩证关系。从纵向看，人类历史经历了不同生产方式的演变和由此引起的不同社会形态的更替，即从原始社会、奴隶社会、封建社会、资本主义社会发展到共产主义社会，是一个由低级社会到高级社会发展的总过程。从横向看，人类历史是从原始、孤立、分散的人群逐渐发展到全世界成为一个密切联系的息息相关的整体的过程。

第三，经济基础决定上层建筑，上层建筑又服务和反作用于经济基础。

第四，社会形态从低级阶段到高级阶段发展。

第五，正确运用阶级分析法。

第六，人民群众是历史的创造者。

唯物史观是科学的历史观、世界观和方法论，作为历史学科核心素养的重要内容，对提升高中历史课程的教育水平和完善学生的自身素质，完成立德树人根本任务，均有重要意义。在高中历史课程教学中，诸如新航路开辟、殖民扩张、两次工业革命都可以运用唯物史观予以解读。同样，中国共产党十一届三中全会做出关于全党工作的重点应该从以阶级斗争为纲转移到经济建设上来的决定，实行改革开放，以及随后进行的农村和城市经济体制改革也可以运用唯物史观予以解读。这些解读有助于德育理念的渗透。

2. 时空观念

《课标》指出："时空观念是在特定的时间联系和空间联系中对事物进行观察、分析的意识和思维方式。"

对学生的历史学习和历史认识来说，时空观念这一核心素养既是认识历史的观念，也是认识历史的方法。在培养学生历史时空观念的过程中，要注意培养其认识历史时间、空间的各项技能和意识，包括体悟有关时间和空间的历史内涵，即通常所称的时间感和空间感，在此基础上形成历史的时代感。要注意区分不同史实的历史阶段特征和地域特色，理解历史分期及其依据。在进行史料研习时，要准确判断相关史料的时间定位与空间范围。在进行历史解释时，要注意引导学生从具体的时间和空间出发，使所评判的史事不脱离具体的历史条件，并从历史发展的角度实事求是地对史事在历史上的地位与影响进行解释。

这有利于德育理念中实事求是、认真踏实等优秀品德的培养以及多元思考能力的培养。

3. 史料实证

《课标》指出："史料实证是指对获取的史料进行辨析，并运用可信的史料努力重现历史真实的态度与方法。"

史料实证的重要原则有：

（1）论从史出。

（2）孤证不立，坚持多种类型史料互证。

（3）摆事实，讲道理。

（4）提高全面运用史料的能力。

（5）注意挖掘史料背后的社会背景含义和特定的微观情境，切忌望文生义、断章取义。

培养学生史料实证的能力，也是德育思想的一种渗透。比如在研究抗日战争的内容时，既要收集国民党、共产党双方对抗战记载的史料内容，也要收集美国、英国等国的相关记载，亦要结合日本对战争的记载，只有这样，才能多重考证，多方位思考，从中培养学生理性思考、认真选择的精神。

4. 历史解释

《课标》指出："历史解释是指以史料为依据，以历史理解为基础，对历史事物进行理性分析和客观评判的态度、能力与方法。"

历史解释以时空观念为前提，以史料证据为支撑，以历史理解为基础，有意识地对过去提出理性而系统的具有因果关系的叙述。

培养学生历史解释这一核心素养，其重要意义在于使学生能够将对史事的记忆提升到历史认识的高度。更好地感悟、体验、明了历史上发生的各类情况，理解历史的变化与延续、继承与发展、动机与效果、内因与外因、偶然与必然、局部与全局等方面的关联，实事求是地分析、概括史事的特性，多角度地思考问题。

例如，在辛亥革命的成功与失败的探讨中，要综合多种史料，多方面考虑，得出辛亥革命成功的原因在于它推翻了两千多年的封建帝制，使民主共和观念深入人心。失败的原因则在于它没有改变中国社会半殖民地半封建的社会性质，革命果实被袁世凯窃取。

通过历史解释，有助于在德育教育中客观理性地思考问题，对未来有全局观，对人生有宏观规划的理念。

5. 家国情怀

《课标》指出："家国情怀是学习和探究历史应具有的人文追求，体现了对国家富强、人民幸福的情感，以及对国家的高度认同感、归属感、责任感和使命感。"

历史学科核心素养中的"家国情怀"是与德育渗透结合最紧密的一个素养。家国情怀之所以作为历史学科的核心素养之一，体现出国家对高中历史课程所承载的培养正确的历史价值观的高度重视和深切期望，是历史课程中历史价值观教育的基本内容。历史价值观素养不仅是历史知识、能力和方法、情感态度与价值观等方面的综合表现，而且是历史学科课程目标中的最高层级，是历史教育的根本所在，在五大核心素养中居于核心地位。

家国情怀一般来说指的是一个人对自己国家持有的高度认同感和归属感、责任感和使命感，是对为实现国家富强、人民幸福所展现出来的持久的理想追求，是对自己国家和民族乃至整个人类社会前途和命运所表现出来的深情大爱。这种对自身、对家庭、对社会、对国家乃至对全人类的人文关怀，也是中华优秀传统文化中的重要组成部分。

历史上不少著名人物都发表过类似言论。如"先天下之忧而忧，后天下之乐而乐""居庙堂之高则忧其民，处江湖之远则忧其君""天下兴亡，匹夫有责"等，都体现出作者的家国情怀。

在中国传统文化经典论述中，"修身、齐家、治国、平天下"是家国情怀的具体追求。

当下，家国情怀的具体表现主要有以下几个方面：

（1）弘扬中华民族的民族精神，具有广阔的国际视野。

民族精神从根本上说是对民族的历史和先人在文明史上的创造的热爱和无限崇敬而产生的一种发自内心的真挚情感。培养以爱国主义为核心的民族精神，能够使社会成员更加明确自己的归属和认同。当今世界，多极化趋势不断加强，中国已经成为多极化中的重要一极，引领世界的发展。构建人类命运共同体是家国情怀的重要内容。

（2）增进以改革创新为核心的时代精神。

一部中国史可以说就是中国先民自强不息、艰苦卓绝的奋斗史。从传说中的大禹治水到盘庚迁殷，从春秋时期的各国变法到秦始皇统一六国等，这些历史上的重大事件都贯穿着自强不息的革新进取精神。这种革新进取精神也正是德育工作中的重要内容，教育学生不懈努力，为社会主义事业奋斗终生。

（3）更好地把握人类社会的发展规律和发展趋势。

在历史教学中，引导学生正确认识人类历史发展的根本动力和规律趋势，是正确历史价值观培养的关键一步。通过历史教学，学生可以知道，尽管人类发展过程中有很多曲折，甚至倒退，但最终是前进的。中国历史悠久而具有连续性，虽有朝代更迭、分裂局面的出现，但作为统一的多民族国家，这是历史发展的基本趋势。

（4）努力维护社会正义、基本伦理、人与人相互友爱、国与国和睦相处等人类最基本的价值准则，谴责诸如暴行、仇恨、屠杀、侵略等破坏和颠覆人类基本价值准则的行为。

教师要通过教学使学生在对社会主义核心价值观和中华优秀传统文化认同的同时，能够理解和尊重世界各国的优秀文化传统。只有这样，中国才能和世界各国友好和平相处，共享、共建、共荣，在世界多极化中共同获益。

（5）学生通过历史学习，能够将学习所得与家乡、民族和国家的发展繁荣结合起来，立志为新时代中国特色社会主义建设、中华民族伟大复兴做出自己的贡献。

综上所述，高中历史课程设置中蕴含着众多可供德育工作者进行渗透的资源。在教学过程中可进行适当的学科融合，可以从家国情怀、认同意识，社会担当、责任意识，公平正义、民主法治，团结合作、共荣共生，科学创新、工匠精神，民生意识、社会保障、包容意识、共赢意识，文化自信、制度自信，不忘初心、牢记使命，人类命运共同体意识，实现中华民族伟大复兴，建设中国梦等方面进行整合与探索。

（深圳市福田区梅林中学　苏科研）

高中地理教学中的"教""育"相长

党的十八大以来，以习近平同志为核心的党中央对落实立德树人根本任务提出了明确要求，对整体规划、统筹推进中小学德育工作做出了全面部署。将德育渗透到课堂教学的各个方面，浸润在校园生活的各个角落，延伸到教书育人的各个环节，为学生一生成长奠定了坚实的思想基础。地理教学为高中教育的重要组成部分，其学科核心素养的确定充分体现了地理学科独特的育人价值。全面将德育教育渗透到高中地理教学当中，对于提升高中德育教育的质量有着关键性的作用。赫尔巴特（德国教育学家、心理学家）说，教学产生思想，而教育则形成品格。教育不能脱离教学，这就是教育的全部。

所以，我们不能满足于从书本得到的知识，我们要用所学解决在现实复杂情境中的问题。作为一名高中地理教师，要把德育作为地理教学中的灵魂，自始至终将德育贯穿于整个地理教学之中，尝试把德育渗透于地理课堂教学中。

如何在教学中对学生进行德育素质教育，值得我们去思考。

一、高中地理德育教育的现状

1. 知识传授是课堂的核心及全部

高考模式决定了教学模式。在地理教学中，一是教学时间紧，课时少，一个班一个星期才两节课，不少地理教师为了赶教学进度，只能在课堂上尽可能地把地理学科知识讲完，忽视了对学生的德育教育，在备课中也忽略了这一环节。二是地理教师教的班级多，一位教师通常教三四个班，有的教师教的班更多。由于班级较多，接触的学生多，所以在平时的地理课堂教学中，没有足够的精力和时间来对学生进行德育教育，在课堂上也忽略了德育渗透。三是学校对教师的考核往往只注重教学质量的考核，因为教学质量是显性的东西，通过学生的考试分数就能评判教师教学质量的好坏，而德育不是一时就可以看得清楚的显性指标，在教学计划中也没有把教师德育素养的提高进行安排和落实，有的地理教师也不知道怎么去渗透德育教育，认为课堂教学就是对书本知识的教学。

2. 缺乏德育概念，责任意识淡薄

目前，有的教师对于德育概念认知不全，教育还存在一些误区。一些教师认为德育是思想政治课和班会课及班主任的"专利"，忽视了本学科的德育，从而淡化了本学科教师进行道德教育的义务。其实恰恰相反，地理学科教学本身就包含着许多重要的道德教育因素。美国著名道德教育理论家托马斯·里克纳认为，各科教学对道德教育来说是一个"沉睡的巨人"，潜力极大，不利用各科课堂教学进行价值与道德教育就是一个重大损失。所以，要实现教育"育人"这个根本使命，其主阵地应该是课堂。

二、高中地理德育教育的目标

地理课堂教育的价值目标，归根结底主要有两点：其一，要让学生学习对终身发展有用的地理知识和技能；其二，要培养学生的社会责任感、道德感，从而能积极参与协调人类与环境关系的活动。因此，《义务教育地理课程标准》（2011年版）规定的德育教育目标，主要有以下几个方面内容：

（1）通过详细学习地球环境知识点，树立正确的辩证唯物主义世界观。

（2）关心家乡的环境与发展，关心我国的基本地理国情，增强热爱家乡、热爱祖国的情感。

（3）对内增强民族自尊、自信的情感，对外尊重不同国家的文化和传统，初步形成全球意识。

（4）增强对环境、资源的保护意识，形成可持续发展的观念，逐步养成爱护环境的行为习惯。

在高中地理教学实际操作过程中，需要在讲解地理基础知识的同时，培养学生对地理学科乃至其他相关学科的热爱，并使学生进一步受到爱国主义、辩证唯物主义教育，最终使学生热爱家乡、热爱祖国，愿意为建设祖国而努力奋斗。

三、高中地理德育教育的实施策略

1. 用好教材

新的高中地理教材中，很多都渗透了德育内容。这就要求教师在备课的时候不要只关注那些要考的知识点，不要仅仅关注与知识点有联系的例题。在备课中不要忽略课本上那些与德育有关的案例或阅读材料。听一些地理教师的公开课时发现，很多教师都对知识点和高考的热点分析得淋漓尽致，但对课本上提到的与德育有关的案例或阅读材料，往往一笔带过或轻描淡写，这样就达不到德育的目的。在备课中，地理教师应该对这部分内容重视起来，应该进行合理设计，有的放矢，把这部分德育内容和教学内容有机地结合起来，进行有效整理。

例如，在讲高一地理人教版必修1第二章第三节案例2"台风和寒潮及其危害"的内容时，我们可以台风"山竹"为背景，将相关区域的台风灾害及危害串联起来，重点探究面对台风灾害人类应该如何防灾与减灾，从而引导学生建立起正确的人地观念。同时也让学生意识到：虽然有些灾害是不可避免的，但面对灾害，人类也不是无能为力的，合理的人类活动可以减少灾害发生的频率和强度，甚至可以避免出现一些重大灾情，可以通过知识和智慧降低自然灾害的影响。学习台风灾害是为了思考"人类能否干预台风，人类活动对台风有没有产生影响，人类该不该敬畏大自然"，从而明确学生肩负的历史责任，更好、更有效地预防灾害和逃生自救。比如，在讲述高一地理必修2第三章问题研究"家乡的农业园区会是什么样?"一课时,精心设计问题,根据问题研究中的案例,了解现代化农业园区,了解深圳及周边地区的现代化农业园区状况,为家乡农业园区发展出谋划策。采用小组合作学习教学方式,让学生可以在网络、报纸、图书室等查阅资料,各组间可以互通有无,共同进步。学生的展示非常精彩,充分地调动了学生学习的积极性,体现了新课程改革的小组合作学习的学习理念。很多小组的准备非常充分,不但有资料的收集,还有对资料的整合和评价,体现了学习的具体效果。教师将课堂的主动权交给学生,学生展示了一堂自由、热烈、非常具有学术探讨气息的课堂,符合新课程改革学生自主学习的理念。课堂充分渗透德育教育,将环保理念、对家乡的热爱、积极了解和参与家乡建设等德育目标自然地渗透在教学中,成为学生的一种自觉行为。教师在最后对学生提出期望,大家可以更多地了解现在政府对农业的投入和引导,也可以涉猎国外的一些良好的发展模式,更希望大家在长大后建设家乡时,能够真正学以致用,将学到的现代化农业理念运用到日常工作中。教师的期望,在学生的心里种下了建设家乡、为家乡贡献自己力量的种子。

2. 用好先进教学手段

科学技术越来越进步,越来越多的教学手段和教学技术可以应用到课堂教学中。比如,把投影教学应用到地理课堂教学中,能增加学生的学习兴趣;把视频动画加入地理课堂教学中,可以加深学生的理解和记忆;现在出现的新的教学方法——微课的引入,也能增强学生的直观印象。这些教学手段的应用,可以与德育相结合。比如视频播放中展现的河流山脉、历史轨迹、风土人情,让教学内容更真实,让学生更热爱我们的祖国、我们的家乡,更热爱生活。

比如,在学习必修3"地理信息技术与区域地理环境研究"中的遥感技术,可以介绍2008年的汶川地震。对于这样大区域自然灾害的检测,如果靠人工实测,不仅要花费大量的人力和财力,而且要经过很长的时间。某些地区还可能因交通的阻隔,难以进行实测,也影响抗震救灾工作的开展和对受灾群众的救援。应用遥感技术能够在短时间内获取全面的资料,这样可以及时安排防灾救灾工作。课堂上,用多媒体展示地震之前和地震之后的遥感图像,通过卫星图像判读灾区的分布情况,通过计算机处理后制作的灾区分布图,可以根据各种要求对受灾地区进行快捷且较为准确的统计。这样的教学可以让学生为祖国科学技术的发展和取得的成就而自豪。

3. 用好课堂

课堂教学的主体不能是教师，应该把课堂的主体地位还给学生。在地理课堂进行德育的渗透，目的是让学生在掌握地理知识的同时，能够提升自己的道德素养。这就要求在课堂教学中，要加强教师和学生之间的互动交流。学生是学习的主人，鼓励学生去扮演角色，让学生设身处地地感悟。但是，如果教学活动中缺少了教师的适时引导，学生的整个学习活动就会变得毫无目的。课堂上，教师就像引路人，把学生带到知识的面前，让学生与知识相识相知。因此，教师在课堂教学中应通过自己的积极调控，发挥教师"导"的作用，充分调动学生的学习积极性。在互动交流中，学生之间或师生之间才能达成一些共识，在潜移默化中提高德育素养。比如在讲解解决我国人口问题的措施"实行计划生育，控制人口增长，提高人口素质"时，在课堂上，可以采取互动的形式，让学生相互交流：中国人口增长模式已经是现代型了，部分地区开始出现深度老龄化，为什么还要计划生育；如何解决老龄化的问题。这些都是我们目前要面对的问题，因为它不仅影响到我们的生活，同时也影响到中国未来的发展。通过学生合作交流达成共识：计划生育不能停，因为中国人口基数大；可以适当调整人口政策，加强养老保险事业的发展，关心老年人的生活，提高国民素质。在这样的互动交流中，教师要注意渗透提高人口素质的教育，帮助学生了解世界各国的人口问题以及解决人口问题的对策，从而树立起"少生、优生、优育"的科学人口观念。

4. 用好校情、国情

无论是初中地理还是高中新教材，都蕴含着极其丰富的国情教育素材。在初中地理教材中，如，我们祖国位于亚洲东方，处于地球北半部的温带，气候温和；地形类型多样，海岸线漫长，岛屿众多，名山大川和旅游胜地不胜枚举；矿产资源、水利资源丰富，农副产品品种齐全，四通发达的交通网络……我们也总是用"地大物博"来说明我国的自然地理的优越性。

在高中地理教材中，如，我国在航天领域取得的成就；二十四节气的创立及作用；我国气候的优越性；我国计划生育政策及人口再生产类型的转变；我国国土整治与区域发展的案例研究；我国走可持续发展道路的必要性；等等。

在生活中，爱国主义的地理素材也很多，如红岭中学的校园位于安托山上，地理优势明显，经济价值较高，这样的一块地用来办学，体现了对教育的

重视，给予学生优越的读书环境，要感恩学校。再如2014年8月，习近平总书记提出的"一带一路"设想，是我国综合国力、经济实力、科技实力、文化魅力的具体体现，也意味着中华民族从此以十足的自信屹立于世界优秀民族之林，标志着政治稳定、经济繁荣、社会进步、民族团结的中国国际地位空前提高，是世界对中国的肯定，无可替代地赢得了世界的信赖和尊重。

这些内容都使学生体会到我们祖国的美丽富饶、可亲可爱，为生长在这样的国家而感到幸福和自豪，为学习在这样的学校而感到幸福，也使学生能够全面、客观地认识祖国，认识母校，认识到我国自然条件的优越性和社会经济发展所取得的举世瞩目的成就。这既使学生产生强烈的民族自豪感和责任感，又产生建设祖国的紧迫感和使命感。只有对祖国有较全面、深刻的了解，才能培养爱国情操，激发建设祖国的美好愿望。

只要我们在头脑中始终有情感态度与价值观教育这一意识，善挖掘、巧设计，教材中的许多素材都可以作为德育的切入点。只要我们做有心人，使学生在学习地理知识、掌握地理技能的同时，受到良好的情感体验、价值观的培养，就可以做到"教"与"育"犹如鱼和水一样不可分割。

📖 参考文献

［1］张华.课程与教学论［M］.上海：上海教育出版社，2002.

［2］薛彩云.高中地理教学的德育渗透［J］.吉林省教育学院学报（中旬），2015（10）：19-20.

［3］高平.中学地理课德育渗透的内容与方法［J］.当代教育科学，1996（04）：73-74.

（深圳市福田区红岭中学　金青）

职高数学教学中的德育渗透

教学与德育是学校教育的两大方面，它们应该是一个统一的整体。教学可以是德育的载体，德育可以是教学的灵魂，二者相辅相成，教学活动才显得有

灵性。在数学教学大纲中就明确指出，数学教学要培养学生良好的个人品质和初步的辩证唯物主义观点。那么，这就要求教师除完成常规教学目标之外，还要再思考德育目标，即结合教学内容，恰当地对学生进行德育渗透，以提高学生的思想素质和道德修养水平。

一、进行爱国主义教育

1. 教育目的
增强学生的民族认同感、自豪感和爱国热情。

2. 德育素材内容
（1）我国在公元前11世纪就发现了勾股定理，比西方（西方称为毕达哥拉斯定理）早了500多年。

（2）我国南北朝时期的数学家祖冲之计算出的圆周率已经精确到小数点后八位，比欧洲人至少早了1000年。

（3）我国西汉的《九章算术》，汇集了几代数学人的智慧结晶，很多内容是世界上最早提出来的，并且对古代数学的发展产生了积极的重要影响。

（4）杨辉三角是二项式系数的一种几何排列，在欧洲，帕斯卡（1623—1662）在1654年发现这一规律，所以又叫作"帕斯卡三角形"。帕斯卡的发现比杨辉（南宋）要迟393年，比贾宪（北宋）迟600年。

（5）在数列的教学中，可列举我国国民生产总值、收入增长等问题。

（6）在圆锥曲线的教学中，可联系人造卫星的运行轨迹和运行速度，强调我国宇宙航天技术的水平已处于世界顶尖水平。

（7）华罗庚是自学成才的数学家，苏步青从放牛娃凭借自己的努力最终成为数学家，陈景润把"哥德巴赫猜想"证明到1+2。

3. 意义
通过爱国主义教育，一方面能够让学生了解到祖国在历史上的辉煌成就，另一方面又能帮助他们客观地分析我国目前处于落后的原因，在激发学生民族认同感和自豪感的同时，也激励他们刻苦学习、发愤图强，立志为建设祖国贡献自己的力量。

二、进行辩证唯物主义教育

1. 教育目的

培养学生的辩证思维能力。

2. 德育素材内容

（1）变化发展的观点：数系的扩张过程，自然数—整数—有理数—实数—复数。

（2）对立统一的观点：加法与减法、乘法与除法、乘方与开方、指数与对数、实数与虚数、最大值与最小值、有限与无限、相等与不相等、充分条件与必要条件、交集并集补集、因式分解与整式的乘法等。

① 由圆心到直线的距离与圆半径的大小关系判断直线与圆的位置关系：

$d > r \Leftrightarrow$ 直线与圆相离；$d = r \Leftrightarrow$ 直线与圆相切；$d < r \Leftrightarrow$ 直线与圆相交。

② 由实系数一元二次方程根的判别式判断方程根的个数：

$\Delta > 0 \Leftrightarrow$ 方程有两个不相等的实数根；$\Delta = 0 \Leftrightarrow$ 方程有两个相等的实数根；$\Delta < 0 \Leftrightarrow$ 方程无实数根。

③ 由圆锥曲线的离心率判断曲线的类型：

$0 < e < 1 \Leftrightarrow$ 曲线是椭圆；$e = 1 \Leftrightarrow$ 曲线是抛物线；$e > 1 \Leftrightarrow$ 曲线是双曲线。

④ 由指数函数与对数函数底数的变化判断函数的单调性：

$a > 1 \Leftrightarrow$ 函数单调递增；$0 < a < 1 \Leftrightarrow$ 函数单调递减。

⑤ 由直线的斜率判断一次函数的单调性和图像倾斜程度：

$k > 0 \Leftrightarrow$ 函数单调递增，且 k 越大，图像越倾斜；$k < 0 \Leftrightarrow$ 函数单调递减，且 k 越大，图像越平缓。

⑥ 大量统计某一事件发生的频率，当累积到一定程度的时候，频率会稳定在一个常数附近，这个常数叫作概率。

（3）理论联系实践的观点：以环保问题（塑料袋的使用、大气污染等）、国民生产总值、生活缴费（水电费、燃气费等）等作为背景设计应用题，相关的知识点可结合概率统计、分段函数、指数函数、数列等。

3. 意义

在整个数学教学过程中，充满着辩证唯物主义的思想，通过教师的总结提炼，本身就是对学生很好的教育素材。学生通过对辩证唯物主义的学习和深

入了解，可以树立正确的人生观、价值观和世界观，有利于指导学生学习和生活，帮助学生客观地看待事物，正确解决实际问题。

三、进行数学美学教育

1. 教育目的

提高学生的审美观。

2. 德育素材内容

（1）简洁美：每一个数学公式都高度概括却又内涵丰富。

① 用 $a^2 + b^2 = c^2$ 表示直角三角形的两条直角边的平方和等于斜边的平方（即勾股定理）。

② 用 $|PF_1| + |PF_2| = 2a$ 表示椭圆上的任一点到两焦点距离之和等于常数（即椭圆的定义）。

③ 用 $a_{n+1} = 2a_n$（$n \geq 1$）表示在一个数列中，从第二项起，每一项都是前一项的2倍（即数列的递推公式）。

……

（2）严谨美：每一个数学推导过程都是严谨的、完美的、一丝不苟的，什么样的条件就得到什么样的结论，哪怕条件稍微改动，结论都会相应地发生变化。数学就是如此严格，要么是对，要么是错，即使是99%正确仍然是错误的。

（3）对称美：几何图形（圆、球等）的对称美、数学公式（杨辉三角等）的对称美。

（4）统一美：圆锥曲线的统一性、三角函数的万能转换公式、欧拉公式等。

3. 意义

对学生进行数学美学教育，在掌握数学知识的同时，提高了学生的欣赏能力，帮助学生脱离低级趣味，陶冶学生的高尚情操，培养学生向往美好的心灵。

四、进行个人意志品质教育

1. 教育目的

培养学生信心、耐心和细心，增强学生坚持不懈的毅力，获得成功的体验。

2. 德育素材内容

数学知识体系的建构就如同古时候金字塔的建造。建造金字塔需要花费大量人力、物力将无数块巨石搬运到相应的位置，完美地堆积、衔接起来。而对于数学知识体系来说，每一个知识模块就像是一块巨石，需要花费一定的精力，克服一定的困难，才能将它嵌入原有的知识结构。并且，只有持之以恒，才能建成宏伟的金字塔，否则只是断壁残垣而已。在这个过程中，将一块巨石堆砌成功了，这样的时刻是无比激动人心的，就好比顿悟了一个定理或者做出了一道难题，就能够获得满满的成就感，这种感觉是可以真切感受到的。

通常，数学的学习需要信心、耐心与细心。首先，我们要相信任何一个难题都有解决的办法，正因为如此，历史上的数学家们才不断地攻克了一个又一个数学难题，推动了数学的发展。在攻克难题的过程中，毫无方向的头绪、充满干扰的谬论、烦琐冗长的计算无时无刻不在挑战着耐心，但此时更不能退却，反而应该意识到，这是黎明之前的曙光，胜利就在眼前，要坚定不移地走下去。除此之外，还需要足够的细心，才能在混乱的思绪中找出"线头"，才能排除谬论的诱惑，才能准确无误地计算出最后的结果。

可以说，学习数学对大多数人来说都是煎熬，正是因为煎熬，才能真正锤炼人们的意志品质。

3. 意义

学生在学校的学习，很多时候都是流于形式，只专注于学习的知识点，无法意识到整个学习过程对意志品质的锻炼，而学生的意志品质很大程度上决定了学生学习的高度，甚至是职业生涯的高度。所以，作为教师，应该从更高的高度去启发、激励学生，让学生更清楚学习的意义，进一步拥有更积极的学习态度，培养更好的学习习惯。

总之，在我们的数学教学中拥有丰富的德育资源，要善于抓住一切机会与细节，对学生进行渗透。除了进行爱国主义、辩证唯物主义、数学美学和意志品质的教育之外，还有无穷无尽的宝藏可以挖掘。

（深圳市福田区华强职业技术学校　夏毓林）

浅谈初中英语教学中的德育渗透

著名教育家陶行知先生说过，"道德是做人的根本"。人在社会中生存，若不具备良好的道德情操，即便是再有学问，再有本领，也难以获得较好的发展。习近平总书记也提出，教育工作者应该思考"为谁教育学生""教育什么样的学生"。作为教育工作者，应该帮助引导学生"扣好人生第一颗扣子"。在初中英语课堂教学过程中融入德育教育，不但能够促进教学效率的提升，同时还有助于培养学生全面健康的人格和道德品质。

一、教材中挖掘德育素材

可以说，初中英语课本即是一本很好的德育教材，其中包含的很多对话内容、日常用语以及课文都蕴含着较为丰富的德育内容。所以，我们应当深入挖掘初中英语课本中的德育素材，利用这些内容来组织进行教学，潜移默化地把知识与品德教育联系起来。另外，在培养初中生英语听、说、读、写能力的过程中，我们还需要结合课本来实现有效的德育教育，为防止德育教育流于形式，教师应当真正从学生的具体学习情况出发，准确找到英语教学和德育教育之间的完美契合点。如在教学would you mind...句型的过程中，要求学生探讨中西方文明礼仪的差异情况，让学生了解哪些是好的礼仪习惯，怎样做一名懂礼貌、讲文明的学生；又如教学Would you please...? You are welcome时，都能够将其当成是文明礼貌教育的素材，引导学生学会更多好的礼仪习惯。

笔者梳理和提取了人教版七、八、九年级上下共6册教材的德育主题，探讨教师如何利用课堂和教材进行德育渗透。

七、八、九年级上下共6册教材的德育主题

教材	文本话题	德育主题
七年级上册	Make Friends	学会尊重异国文化及其生活习惯
七年级上册	Internet	明确交友的目的，学会结交益友
七年级上册	Daily Life	通过对他人的校园生活和日常生活的了解，培养热爱学习、热爱生活的情操，并能体会父母的辛苦付出

教材	文本话题	德育主题
七年级上册	The Earth	认识保护地球的重要性，提高环境保护的意识，树立清洁地球的理念
七年级下册	Seasons	培养热爱自然和善于探究的学习精神
七年级下册	Visiting the Moon	培养爱国主义精神和民族自豪感
七年级下册	Travelling around Asia	做文明游客，爱护名胜古迹
八年级上册	School Clubs	鼓励学生多参与丰富多彩的校园活动，培养积极进取的兴趣爱好，锻炼交往能力
八年级上册	Collecting Things	学会合理安排时间，平衡学习生活与兴趣爱好
八年级上册	Computers	学会合理使用电脑，正确使用网络，注意安全
八年级上册	Inventions	培养热爱科学，激发不怕失败的探索精神和创新能力
八年级下册	Eucational Exchanges	对祖国文化能有更深刻的了解，具有国际意识
八年级下册	Memory	养成良好的学习习惯，学会科学学习
八年级下册	Family Life	学会站在他人的角度多理解，能够与家庭成员和谐相处，与父母良好沟通
八年级下册	Advice and Problems	培养乐于助人的精神
九年级上册	Action!	用恰当的方式表达赞扬，并对别人的赞扬做出恰当的反应
九年级上册	Healthy Diet	养成合理饮食习惯，培养珍惜粮食的意识
九年级上册	The Adventures of Tom Sawyer	培养阅读习惯，使阅读成为生活的重要部分
九年级下册	Great Explorations	增强民族自豪感，培养乐于探索未知的精神
九年级下册	The Environment	培养保护环境，绿色生活的意识
九年级下册	Natural Disaster	树立珍惜生活，保卫国家的信念
九年级下册	Care for Health	加强锻炼，促进身心健康，学会及时求助父母、老师，得到及时有效的帮助

二、抓住德育渗透时机

语言学习的交际性与实践性要求必须在实际语境和活动中去感知英语、学习英语。在初中英语课堂中，我们必须精心设计教学活动，营造出学生具有兴趣的语境场景，选择学生感兴趣的练习方式，坚持以学生为主，在教学、练习、活动中向学生渗透德育教育。在我们所创设的语境场景中，学生在学习英语的同时也能够和其他同学进行有效的合作。这样的学习方式能够很好地培养学生帮助他人、互助合作的思想品德，还可以在很大程度上调动学生的学习积极性，促进课堂教学氛围的提升。在实际的课堂教学中，必须要深入挖掘课本中的德育素材，在开展各种教学活动的过程中抓住德育渗透时机进行有效的德育教育。

三、扩大德育渗透范围

在课堂教学中了解的道理最终应当转变为实际的道德行为，所以在初中英语课堂中我们需要选择各种手段积极组织开展丰富的课外活动，进一步扩展德育渗透范围。比如说开展英语朗读比赛、观看英语电影等，可以在很大程度上调动学生的学习积极性，特别是对于英语成绩较好的学生能够为其创设一个充分展示自己的平台。同时，近年来各学校的硬件设施不断完善，基本上教室内都有多媒体设备，教师可结合学生的兴趣爱好给他们播放一些浅显易懂的英文电影，这样让学生在认识外国文化的同时学习地道的英语发音。借助于这类活动，学生提高了认识，培养了兴趣，在活动过程中不断深化对课堂获取的德育知识的理解，有助于将内在激情转化为实际的道德行为。

四、课堂活动中渗透德育

一方面是创设情境，进行分角色表演活动。比如，在教学what would you like以及would you like...这两个句型的功能结构时，给学生创造了在家中招待客人的情境，让学生自己上台来表演；在教学how much...的过程中，设计了超市购物的情境，让学生扮演销售员与客人展开实践对话。在模拟情境的交流活动中，学生在掌握句型的同时也逐渐学会了和他人进行合作与交往。另一方面是通过练习课文中的对话来帮助学生树立信心。在初中英语教材中，各个单元内基本上都存在日常对话内容，包含了聚会、兴趣、假期、节日等各种不同的情境，在教学时可以选择让学生上台表演教材中的对话，也可以让他们在教材的基础上自由发挥进行设计，这样对部分性格内向、不敢说英语的学生具有很大的帮助，还能够有效培养他们的自信心。

综上所述，德育教育属于初中英语教学中的一项重要任务，英语课堂也是德育教育的有效平台之一。初中德育教育应当贯穿于学生成长的整个过程，所以在英语课堂中我们必须善于挖掘教材内容，灵活选择教学方式，让学生在学习过程中受到良好的德育熏陶，让他们在增长知识的同时获得思想道德的发展。

参考文献

［1］教育部.英语课程标准［M］.北京：北京师范大学出版社，2003.

［2］吴萍莉，冯雄.中学英语教学中的德育渗透研究［J］.当代教育论坛，2008（12）：77–79.

［3］文秋芳.英语学习策略论［M］.上海：上海教育出版社，1995.

（深圳市福田区红岭中学　杨坤）

学科教学中的德育渗透课例

晏几道词中梦和泪的世界——《小山词》赏读

【推荐理由】

该课堂内容具有新意、诗意，能很好地提升学生的文学素养，体会到古典诗词的美感，而且巧妙地将德育教育中的青春期情感教育、美学教育渗透进来，值得推荐。

【适用年级】

高二年级第二学期。

【课堂背景】

高二下学期的学生已具备一定的文学积累，对中国古典文学也具备一定的基础，在此前提下，让学生来集中研读一家的词集，对于提升学生的文学感悟能力大有裨益。而且，此时的学生正处于青春期，对于男女恋情都有一定的新奇感。

【课堂目标】

1.让学生进一步体验宋词的魅力。

2.进一步提升学生的文学鉴赏能力。

3.通过研读晏几道的词，让学生以正确的方式看待男女恋情，从而让心理更为成熟，能够更坦然地面对男女生交往的问题。

【重点难点】

重点：研读好晏几道的词并掌握一定的文学鉴赏技巧。

难点：对于词集中难理解地方的把握。

【课前准备】

提前准备好晏几道《小山词》中的经典篇章。

【设计思路】

1.通过集体研读晏几道的词使学生获得审美体验及一定的文学鉴赏方法。

2.通过对比晏几道词中的经典篇章更深入地体悟文学表达技巧。

3.通过采用举例法深化学生的文学鉴赏能力。

【课堂实录】

师：大家知道晏几道这个人吗？

（所有学生摇头）

生：不知道。

生：没听过。

师：那晏殊呢？

生：我知道，初中学过他的《浣溪沙》。

师：你能背诵吗？

（该学生有感情地背诵《浣溪沙》）

师：背诵得真好。听人熟练而有感情地背诵诗词真是绝妙的享受。晏殊是北宋初年著名的词作家，而晏几道是晏殊的第七个儿子，也是著名的词作家，他和父亲并称"二晏"，晏殊是大晏，晏几道自然是小晏了。今天我们来细细品读一下小晏的词，进而体会他的创作特色。我们先来看一下他的好朋友黄庭坚对他的评价：

黄庭坚《小山词序》：仕宦连蹇，而不能一傍贵人之门，是一痴也；论文自有体，不肯作一新进士语，此又一痴也；费资千百万，家人寒饥，而面有孺子之色，此又一痴也；人百负之而不恨，己信人，终不疑其欺己，此又一痴也。

师：大家仔细品读这段材料，然后思考一下这段话体现了小晏怎样的性格特点。

生：要我来概括的话，这说明晏几道是个很纯真的人。具体来说就是，他官运很不好，但绝不趋炎附势。写文章自有风格，不肯写当时的考场作文。花掉了家里的积蓄，家人饥饿，自己却还像个小孩子一样，不知道该怎么办。很相信人，从不怀疑别人。真可谓有赤子之心。

师：大家给这位同学鼓掌，概括得太准确了，文言阅读能力很强。"蹇"这个字的意思大家积累一下，是"不顺利"的意思。《楚辞》中多次出现这个字。"不肯作一新进士语"，我们的同学将它概括为"不肯写考场作文"，真是太有表现力了。晏几道确实是一个很纯真的人，他出生于富贵之家，父亲晏殊是宰相，晏殊死了之后，他们家就慢慢衰落了，有时连最基本的生活费都拿不出来，但晏几道从来不愿意求人帮忙。晏几道将自己的词集取名为《小山词》，我们来看一下晏几道为自己的词集写的序言，看大家能捕捉到什么信息。

晏几道《小山词自序》：始时，沈十二廉叔、陈十君宠家，有莲、鸿、苹、云，品清讴娱客，每得一解，即以草授诸儿，吾三人持酒听之，为一笑乐。已而君宠疾废卧家，廉叔下世，昔之狂篇醉句遂与两家歌儿酒使俱流传于人间……追惟往昔过从饮酒之人，或垄木已长，或病不偶。考其篇中所记悲欢离合之事，如幻、如电、如昨梦前尘，但能掩卷怃然，感光阴之易迁，叹境缘之无实也！

（学生齐读了一遍材料，并仔细思考、热烈讨论了一番）

生：我好喜欢这段材料，写得很美，很伤感，"如幻、如电、如昨梦前尘"，真是凄美。这段材料应该说的是他为莲、鸿、苹、云四个歌女写了很多词，后来，朋友死了，四个歌女也都散了，想起以前美好的往事，有很多的感慨，他的词中应该也记录了这种感慨。

师：说得很好，你对这段材料把握得很到位。这段序言确实写得很美，可见晏几道的才华是多么的高妙。也正如这位同学所说的，晏几道的《小山词》共约260首词，这些词中多次写到对四个歌女的怀念和喜欢。接下来，我们品读几首小晏词。先看第一首，大家齐读一遍。

鹧鸪天
晏几道

小令尊前见玉箫，银灯一曲太妖娆。歌中醉倒谁能恨，唱罢归来酒未消。
春悄悄，夜迢迢，碧云天共楚宫遥。梦魂惯得无拘检，又踏杨花过谢桥。
（注：玉箫：唐代女子，此处代指歌女。）

师：请同学来说一下，你觉得这首词中哪些句子能感动你。

生："歌中醉倒谁能恨，唱罢归来酒未消。"

师：这两句不错，写出了词人跟歌女们相聚时的热闹场面，词人尽情地喝酒，就算醉倒也在所不惜。还有同学喜欢什么句子。

生：我喜欢"梦魂惯得无拘检，又踏杨花过谢桥"，觉得这两句特别有意境，有味道。

师：真有艺术眼光。大家知道吗？理学家程颐竟然都赞叹这两句词。要知道北宋那些理学家，诸如邵雍、程颐、朱熹等人评价文学十分严苛，他们极难得喜欢词，但程颐竟然说这两句乃鬼语也，意思是说这两句只有鬼神才能想得到。这两句词写出了梦境的温暖、梦境的神奇，词人虽然跟心爱的歌女分别了，但这次却在温馨的梦中实现了与她相聚的愿望，梦中的那一刻是绝对真实的、幸福的，正如奥地利哲学家弗洛伊德所说的，梦起到了补偿作用。也正如我的硕士导师中国人民大学冷成金教授所说的，梦可以消解心中的悲剧意识。大家现在记录下这两句词，课后再去体会体会其精妙之处。接下来，我们继续欣赏小晏的另一首词，我请一个男同学来朗诵一下。

蝶恋花

晏几道

梦入江南烟水路，行尽江南，不与离人遇。睡里消魂无说处，觉来惆怅消魂误。

欲尽此情书尺素，浮雁沉鱼，终了无凭据。却倚缓弦歌别绪，断肠移破秦筝柱。

（这位男生朗诵得极妙，感动了学生和所有的听课教师，大家对他报以热烈的掌声）

师：朗诵得非常棒。大家现在思考下词的上阕主要写了什么内容？表达了什么样的思想情感？

生：词的上阕主要写了词人晚上做梦梦见自己去了江南，他在梦中走遍了江南所有的路，但都没有碰见自己想见的人，我猜想这想见的人应该是四个歌女中的一个。（其他同学笑）由于这是一个不完美的梦，词人的愿望没有通过梦境得到实现，故而醒来之后怅然若失。表达了词人对离人的万分思念之情，并展现了能够重逢的殷殷期盼。

师：体会很到位，上片说的就是这个意思。而且晏几道说出了一种人之常情，我就记得曾经做过这样一个梦：我梦见自己和你们约好晚上去看电影，我一共订了42张票，我们正准备出发时，学校突然要安排大家考试，我好着急，一下子急醒了，醒来之后还感觉十分着急。（学生哈哈大笑）想到这个梦，我特别能体会晏几道醒来之后的那种伤感。研究古典诗词的名家很讲究用自己的生活体验来解读古典诗词，现在想想说得真有道理。我们继续研读下片，大家先回答一个问题，词中说"浮雁沉鱼"，为什么要提到雁和鱼？

生：大雁传递书信呀，不是有鸿雁传书的典故吗？鱼应该也是传书信的，但是鱼怎么传呢？这个就不知道了。

师：古人将信匣做成鱼的形状，故而说鱼也能够传书。那么"浮雁沉鱼"是什么意思呢？

生：应该是说大雁高飞九霄，鱼儿深沉水底，不能为自己传递书信，后面一句"终了无凭据"，更加证实了我的说法。"浮雁沉鱼"肯定是说鱼雁不能够帮自己传递书信。

（我正想为这位学生鼓掌，另一位学生激动地站起来发言）

生：他说的是对的，我记得晏殊写过这样两句词："鸿雁在云鱼在水，惆怅此情难寄"，这跟"浮雁沉鱼"表达的意思一致。

师：说得太好了，学习古典诗词就要多积累例句，用积累的例句来帮助理解正在阅读的诗句，这是极妙的办法。老师曾写过一篇论文，题目叫《二重证据法与古文教学》，我在文章里把积累的例句称为"二重证据"，后面我还要提到"二重证据法"，我们先为这两位同学鼓掌。

（学生们热烈的掌声响起，一个平时性格有点内向的学生站起来发表自己的看法）

生：那晏几道不是很难过？你看他做梦没有梦到心爱的人，现在写信给心爱的人，信又寄不出去，真是很伤心哪！

师：体会真是很细腻，甚得要领。是的，古代的诗词评论家曾这样评价晏几道和秦观，说他们是"古之伤心人也"。本来已经很伤心了，现在又发生一件让人更伤感的事情，感情不断沉入，这种抒情范式可称为沉入型抒情。这种说法是武汉大学王兆鹏教授提出来的，我觉得很有道理。他曾提出词常见的两种抒情范式：一是沉入型，晏几道和秦观是其代表；二是超越型，苏轼是其代表。超越型即是说本来感情是伤感的，但马上能振起，一下变为积极、向上的。这里给大家推荐王兆鹏老师的一本书——《唐宋词名篇讲演录》，他在这本书中就论述过此问题，大家可以找来读读。晏几道的很多词都写得十分伤感，感情不断沉入，当你伤感时，读这种词，感觉像找到了知音，从而实现心灵的净化，这也是读古典诗词的意义之一。

接下来，我们品读他的名篇《阮郎归》。大家读完后，有感受的可以直接站起来说。

阮郎归
晏几道

旧香残粉似当初，人情恨不如。一春犹有数行书，秋来书更疏。

衾凤冷，枕鸳孤，愁肠待酒舒。梦魂纵有也成虚，那堪和梦无。

生：我怎么读出了怨恨之情，词人好像在怨恨女子变心了。

师：那你具体说明一下。

生："旧香残粉似当初"一句蛮有味道，应该是说女子送给男子的信物上的香气还在，但女子对男子的感情已经变淡了，这里蕴含着一层对比，用人情和物进行对比，说明了人不如物，这里已有淡淡的怨恨之情。"一春犹有数行书，秋来书更疏"怨恨更深入一层，直接说女子基本上不来书信了，怨怼之情可见一斑。

（一说完，其他同学便立即鼓掌，估计是非常喜欢他的精彩解说）

师：真是准确、细腻，可以独立写鉴赏文字了。词的下片有哪位同学想评点一下。

生："梦魂纵有也成虚，那堪和梦无"这两句感动着我，我觉得这两句就属于老师刚才所说的"沉入型"的情感表达模式。

师：那你说说它是怎样体现感情沉入的？

生：词人好像这时心情不佳，他已经察觉出梦的虚幻了，便说就算在梦中见到了喜欢的女子，也是虚幻的，这说得已经很伤感了。但若有一个温暖的梦也差可安慰，现在竟然连虚幻的梦也没有了，这又更加伤感。一层递进一层的伤感，故而是沉入型。

师：真是接受能力很强，老师刚介绍完，你就能灵活运用了。这两句词的意蕴就是你刚才所说的，真可谓小晏的知音，完全明白词人的意图。在这里我要给大家讲个故事：我的高中语文老师曾在课堂上讲过这样一件事，他二十出头时，在外面到处闯荡，母亲在家里非常担心，晚上经常梦见他，但有一段时间，母亲怎么也梦不到他了，尽管每晚睡觉前都祈祷能梦见自己的儿子，但偏偏梦不到。语文老师说的这个事情给我留下了深刻的印象。后来我上大学时读到元稹写给白居易的两句诗："我今因病魂颠倒，唯梦闲人不梦君。"我大为感动，这两句诗说的情况不就是当年语文老师给我们讲的他母亲的感受吗？后来又读到晏几道的这两句词，更加深刻地体会到了这种感受和心境。可见，有"日有所思夜有所梦"的情况，也有因思念得太深反而梦不到的情况，将这种情境表达出来可以带给人更深沉的感动。

（大家陷入了沉思，不知是被晏几道的词感动了，还是被我所说的故事感动了）

师：我们接下来做题吧，是一道高考诗歌鉴赏题，命题者所选的词恰是晏几道的词。

思远人
晏几道

红叶黄花秋意晚，千里念行客。飞云过尽，归鸿无信，何处寄书得。

泪弹不尽临窗滴，就砚旋研墨。渐写到别来，此情深处，红笺为无色。

2012年全国课标Ⅰ卷诗歌鉴赏题：

"就砚旋研墨"与"临窗滴"有什么关系？"红笺为无色"的原因是什么？请简要分析。

（学生思考了很久，没有人敢举手，窃窃私语的倒是很多，有听到学生跟同桌小声说，难道是用泪来研墨吗？那泪水也太多了，太夸张了吧）

师：刚刚听到有同学不确定地说，是不是用泪来研墨，下面我举出晏几道词中的两个例子，大家仔细读读，看能得出什么结论。

晏几道《诉衷情》：泪墨书成，未有归鸿。

晏几道《采桑子》：泪墨题诗，欲寄相思，日日高楼看雁飞。

（刚刚不确定答案的同学激动地举手）

生：看完这些例子，我能确定了，他就是用泪水来研磨，这两个例子中的"泪墨"一词就是这个意思。用泪水来研磨写出了泪水之多，感情之沉痛。

师：那"红笺为无色"的原因是什么呢？

生：应该是泪水滴到信纸上，将信纸的红色褪去了，也是写出了泪水之多，相思之情的深沉。

师：没错，没错，大家再看两个例子。

晏几道《采桑子》：黄花绿酒分携后，泪湿吟笺。

晏几道《两同心》：相思处，一纸红笺，无限啼痕。

生：这些例子跟"红笺为无色"的表达是一致的，而且我发现，看了这四个例子之后，我对"就砚旋研墨"和"红笺为无色"的意思体会得更透彻了，看来举例子真是个好办法。

师：说得没错，这就是我前面提及的"二重证据法"，下面给大家介绍一下"二重证据法"。

"二重证据法"本是王国维提出来的运用在古史研究中的一种方法，他要求研究者要将地下发掘之实物与史料相佐证来进行历史研究。当然，我们将其运用于语文学习时，其中的"第二重证据"不是出土的文物材料，而是与要讲解的某一知识点紧密相关的一些材料。恰当地运用这些"证据"进行补充论证，一来可以让讲解的知识点变得透彻、显豁，易于牢固地掌握；二来增加了知识积累，丰富了学习内容，从而让语文学习拥有了"活水源头"。例如我们学过《诗经·小雅·采薇》这首诗，大家都会注意到诗歌的最后一节，而对"昔我往矣，杨柳依依。今我来思，雨雪霏霏"四句诗，应该会花更多精力去体会。这四句诗以物候标示时段，选用的物候本身就极具美感，又加上具有音韵美，遂为人称道。我们在课上细细分析这四句诗后，可以跳出这首诗所限定的圈子，放眼整部《诗经》，会发现《小雅·出车》中有这样的诗："昔我往矣，黍稷方华。今我来思，雨雪载途。"这四句诗同样以物候标示时段，所选取的对象，所用的词语、句式与《采薇》极其相似，可见，这样的表达方式已经成为当时的套语。《出车》这四句诗就是帮助我们理解《采薇》名句的绝佳例子。下面我们再读一首诗来进一步体会"二重证据法"的妙处。请大家读屏幕上的这首诗并回答问题。

《出塞》：金带连环束战袍，马头冲雪度临洮。卷旗夜劫单于帐，乱斫胡兵缺宝刀。

请评价"缺宝刀"三字的妙处。

生：不就是缺少宝刀吗？写出了将士们在作战时手里却没有宝刀的愤怒情态，展现了他们壮志难酬、报国无门的憾恨。

师：我提醒一下，你记得《三国演义》中典韦激战的一段话吗？"韦身无片甲，上下被数十枪，兀自死战。刀砍缺不堪用，韦即弃刀，双手提着两个军士迎敌……"

生：《三国演义》我还读得挺熟，我想起这段话了，我知道了，知道了，不是缺少宝刀，而是刀砍出缺口了，砍钝了，写出了战斗的激烈。

师：这就对啦。不要陷入抽象化和固定化的思维状态，不要一看到边塞诗就想到壮志未酬，而是要仔细分析具体的诗歌。若能运用"二重证据法"来解决难题，那就巧妙极了。刚刚这名同学若熟悉"二重证据法"，就能很好地运用自己积累的知识来解决难题，定能大大提升读古典诗词的兴趣。当然，若我们不知道《三国演义》这段话，那"二重证据法"也就失效了，所以这也激励大家要去好好读书，多积累知识。

师：刚刚我们读了晏几道写眼泪的辞章，再想想前面他写梦的辞章，可知晏几道真是"古之伤心人"。有学者做过细致的统计，说晏几道词中梦字出现达60多次，而我自己则粗略统计过泪字，出现达30余次，可见晏几道这个纯真的大词人，用梦和泪的世界构造了一首首动人心弦的词作。这些词作，千年之后读来，仍然能够深深地感动我们。差不多下课了，最后让我们深情地朗诵晏几道的两首佳作，为这位纯真的词人献上一瓣心香吧。

（师生齐诵读）

鹧鸪天
晏几道

彩袖殷勤捧玉钟，当年拼却醉颜红。舞低杨柳楼心月，歌尽桃花扇底风。

从别后，忆相逢，几回魂梦与君同。今宵剩把银钉照，犹恐相逢是梦中。

临江仙
晏几道

梦后楼台高锁，酒醒帘幕低垂。去年春恨却来时，落花人独立，微雨燕双飞。

记得小苹初见，两重心字罗衣。琵琶弦上说相思，当时明月在，曾照彩云归。

师：今天的作业一是找两首词，其抒情模式分别是沉入型、超越型。二是选一首诗词，运用"二重证据法"理解其中的难句。三是若有时间、有兴趣，再写一篇评论文章，题目为"简论晏几道词"。

下课，谢谢同学们，感谢来听课的各位老师。

【课后总结】

高中阶段的诗词学习，基本上都采用通过阅读单个作家的名篇来体会诗词的思想感情及艺术特色的方法，这当然是一种不错的办法，但在中学阶段也可以借鉴大学中文系教师让大学生学习诗词的方法，即较为深入了解一个作家，多阅读这个作家的一些作品，然后较为全面地把握这个作家的个性特点和创作特点，从而达到提升学生文学欣赏能力的目的。本次公开课"晏几道词中梦和泪的世界"的设计思路即是借鉴了这种做法，事实证明，效果非常好。这种方法值得在高中语文课堂推广。这堂课也在一定程度上渗透了德育教学内容，特别是于无形中对青春期的男女生之情感体验进行了较好的引导，让学生正确认识异性之间的情感，这对于学生处理男女生交往过密问题亦有一定的指导意义，这是本课堂的又一特色。

（深圳市福田区红岭中学　曾坤）

用样本估计总体

【推荐理由】

近年来，随着经济的迅猛发展，环境污染问题也越来越严重，已经引起了世界广泛的关注，保护环境的呼声越来越高。为了提高学生保护环境的意识，在"用样本估计总体"这一节课中，以调查塑料袋的使用情况为背景，进行统计分析。希望在一串串刺眼的数字面前，唤醒学生保护环境的责任心，加入保护环境的队伍当中来。

【适用年级】

高二年级。

【课堂目标】

1. 知识目标：掌握平均数、方差、标准差的计算公式。

2. 能力目标：学会收集数据，分析数据，得出结论。

3. 德育渗透点、德育目标：明确保护环境的重要性，从我做起，从身边做起，减少塑料袋的使用，为保护环境贡献力量。

【重点难点】

重点：记忆公式、公式的含义、保护环境的重要性。

难点：收集数据、分析数据的方法和思想。

【教学方法】

讲授法、讨论法。

【德育渗透知识载体】

人教版中职数学（基础模块）下册第184页10.3.3"用样本估计总体"。

【课前准备】

在上本节课的前一周，布置学生统计未来一周家庭废弃的塑料袋的数量。

【设计思路】

1. 将本班学生分为4组，每组的组长课前收集本组学生统计的数据，制成表格，计算各组的平均数、方差和标准差。

2. 通过比较各组的平均数，可以得出哪一组的学生家庭环保意识强。

3. 通过比较各组的方差、标准差，可以得出哪一组的数据变化幅度大，从而可以找出使用塑料袋较多的家庭进行提醒和教育，希望提高环保意识，减少使用塑料袋。

4. 以本班的数据为样本，计算出平均数，进而估计全校学生家庭使用塑料袋（总体）的平均数，通过数字向学生展示使用塑料袋的数额之大，然后科普塑料袋的过度使用对环境造成的危害，唤醒学生的责任感，提高学生的环保意识。

5. 最后思考与讨论如何才能减少塑料袋的使用，并鼓励学生将想到的方法应用到实际生活当中，争当环保小卫士。

【课堂实录】

（一）导入与新课

教师展示各组收集的数据，介绍数据处理的方法：计算平均数、方差和标准差。

平均数描述了数据的平均水平，定量地反映了数据的集中趋势所处的水平。

方差和标准差描述了数据的离散程度，定量地反映了一组数据变化的幅度，方差（标准差）越大，数据波动程度越大。

平均数计算公式：$\overline{x} = \dfrac{x_1 + x_2 + \cdots + x_n}{n}$

方差计算公式：$s^2 = \dfrac{(x_1 - \overline{x})^2 + (x_2 - \overline{x})^2 + \cdots + (x_n - \overline{x})^2}{n}$

标准差计算公式：$s = \sqrt{\dfrac{(x_1 - \overline{x})^2 + (x_2 - \overline{x})^2 + \cdots + (x_n - \overline{x})^2}{n}}$

（二）活动环节

每个小组在小组长的组织下分别计算出各组的平均数、方差和标准差。

各组展示计算结果，教师协助订正错误答案。

根据平均数的大小，评选出"最佳环保小组"。

根据方差、标准差的大小，看每组数据的波动大小，进一步分析方差大的原因，发现该小组有部分学生家庭使用量很少，也有部分学生家庭使用量很高，由此可以提醒使用量过高的学生家庭应该减少塑料袋的使用，为保护环境贡献自己的一份力量，同时表扬使用量少的学生家庭，希望他们一如既往地保持下去，并提倡其他学生向他们学习。

教师引导，综合全班的数据计算出平均数，并以此作为全校的平均数估计值，计算出一年全校学生家庭共使用多少塑料袋。（一年按52周算）

经过计算，全班学生平均每个学生家庭每周废弃塑料袋的数量为15个，以此作为估计值，若全校以3000人计算，则全校学生家庭1周废弃的塑料袋达45000个，1年废弃的塑料袋达2340000个。

思考与讨论1：对以上计算出来的数据，你有何感想？（学生自由发挥，每个小组可派代表发言）

学生A表示被这一巨大的数字惊讶到了，平时很不经意的动作，竟然产生了如此大的效应，这是自己完全意识不到的。虽然感觉很夸张，但是数据就是由我们自己统计出来的，虽然不敢相信，但这是事实，真的很震撼。

教师科普塑料袋的危害：

（1）塑料袋的原料系高分子化合物，其结构稳定，不易被天然微生物菌降解，不可降解的塑料袋自然腐烂需要200年以上。废塑料袋如不回收，混在土地中，会造成土壤板结，影响农作物吸收养分和水分，导致农作物减产。

（2）抛弃在陆地和水体中的废塑料袋，会被动物及鱼类等当作食物吞入，造成动物及鱼类死亡或影响其生长。

（3）严重污染环境卫生，增加环卫工人的工作量。每到大风天气，塑料袋刮得满天飞，有的挂在树梢上，有的挂在电线上，清除起来费时费力又危险。如果随意焚烧，会散发有毒气体，污染空气，影响人们健康。

（4）不可再生的能源资源消耗巨大。据了解，我国每年使用塑料袋约需消耗160万吨塑料，全国每年生产塑料袋需消耗480多万吨石油，塑料袋的过度使用将对我国的能源资源以及环境产生不可忽视的负面影响和压力。目前，国际油价不断攀升，势必推动我国工农业生产成本和物价上涨，这对国家和民生大计极为不利。

（5）严重危害人类健康。构成塑料的主要成分聚氯乙烯单体，被吸收后会损伤人的神经系统、肝脏和肾脏；塑料燃烧时，释放的烟雾含有大量的致癌化合物。

思考与讨论2：你有何妙计可以减少塑料袋的使用？（学生自由发挥，每个小组可派代表发言）

学生B表示，塑料袋应该重复使用，买菜回来的塑料袋再拿来装垃圾。

学生C表示，塑料袋应该要收费，甚至可以设置高标准的收费，这样的强制性措施，会有效地减少塑料袋的使用。

学生D表示，提倡用更环保的材料来取代塑料袋。塑料袋是方便，但这一时之快却带来了严重的污染，比如使用布袋、竹篮子等，它们可重复使用，又不污染环境。

【课后总结】

通过这节课的学习，学生们掌握了处理数据的方法：求平均数、方差和标准差。在对塑料袋使用的调查当中，同学们意识到，过度使用塑料袋会对环境带来多大的危害，保护环境是刻不容缓的事情，也是每个人不可推卸的责任，大家应该行动起来，从小事做起，从减少塑料袋的使用做起。

（深圳市福田区华强职业技术学校　夏毓林）

The student who asked questions

【推荐理由】

本节课的文本是关于我国著名科学家袁隆平的生平、主要贡献以及他的杂交水稻产生的国内外影响。本节课通过学习袁隆平的生平和事迹，增强学生对科学的兴趣，激发学生学习动机，树立正确的人生观、价值观，提升家国情怀，帮助学生树立远大的理想。

【适用年级】

高一年级。

【课堂目标】

1. 知识目标：了解袁隆平的生平、主要贡献以及他的杂交水稻产生的国内外影响；学习并学会运用重点单词、词组和有用表达。

2. 能力目标：通过预测文本内容，进而阅读文本，提取信息，获取信息来验证文本是否与自己的预测一致，从而提高学生分析问题、解决问题的能力，锻炼思维品质；学生通过反思标题，研究一些深入的问题，培养辩证思维能力；学生通过小组角色表演，培养自主合作能力、语言能力。

3. 德育渗透点、德育目标：学习科学家的一些可贵品质，如对科学的执着、求真精神，为科学奉献、为了解决问题坚持不懈的探索精神等，从而激发学生的斗志，努力成为对社会有用的人。

【重点难点】

重点：学生掌握预测策略以及提高用英语获取信息的能力。

难点：使学生提高分析问题、解决问题的能力。

【教学方法】

启发式教学法、任务驱动教学法。

【德育渗透知识载体】

优秀科学家袁隆平的生平和主要事迹。

【课堂实录】

Step 1：Lead in

Enjoy a digital story about Yuan Longping.

Many years ago, a little boy was born into a poor farmer's family,

As a boy, he liked reading.

He was educated in many schools in Beijing, Wuhan, Nanjing…

He liked to ask questions…

In Grade 1, the school organized them to visit a fruit farm…

He was attracted by the beautiful grapes, peaches there…

His dream began…

He dreamed of being a farmer…

After many years of effort, he finally succeeded…

He became the most famous farmer in China…

He is the father of hybrid rice…

The student who asked questions.

设计意图： 通过播放故事小视频，学生直观生动地感受视频故事里关于袁隆平小时候的一些学习经历，为接下来文本的阅读做好了背景铺垫。袁隆平小时候就是一个爱提问的人，对好奇的事情打破砂锅问到底，这种性格与品质为他将来的杰出成就奠定了良好的基础。

Step 2：Brain Storming

Ask students who is the leading figure in rice growing. —Yuan Longping

Ask students what they know about Yuan Longping. —Hybrid rice

设计意图： 头脑风暴式的提问，激活学生已有的背景知识，然后通过询问学生他们想知道关于袁隆平的哪些方面的知识，激发学生文本阅读的好奇心。

Step 3：Skimming

Ask students to browse the text and see whether they can find out what they want to know about Yuan Longping.

设计意图： 引导学生带着自己的预想去阅读文本，并且自己通过文本阅读解决自己的问题，体现了"以学生为中心"的教学模式，培养学生发现问题、分析问题、解决问题的能力，有助于思维品质的培养。

Step 4：Scanning

Ask students to answer some questions：

1. Why did Yuan Longping develop hybrid rice?

2. How many steps have Yuan gone through?

3. How many advantages of Yuan's discoveries are listed in our text?

4. Why do we call the earth is a rice-growing world?

5. What way does Yuan think of to solve the problems of crop breeding?

设计意图： 深挖文本，把握细节，深层次理解文章。

Step 5：Reflection on the title

Ask student "If the title is the best? If not，can you put forward a better one？"

设计意图： 引导学生通过思考去深层次地把握语篇的结构，去体会文章标题和内容之间的联系，培养学生的批判性思维能力。

Step 6：Activity

Role Play：

Students are divided into four groups. One acts as Yuan Longping，the other three act as journalists. Journalists have an interview with this great scientist.

设计意图：小组合作，角色扮演，一方面锻炼学生的语言能力，另一方面让学生体验不同角色，初步培养职业能力。

Step 7：Discussion

Work in groups and discuss the following questions：

1. Who should be grateful to Yuan Longping？Why？

2. Do you think Yuan is great？Why？

设计意图：引导学生关心粮食问题，激励学生要向袁隆平学习，为了解决问题，坚持不懈地探索。通过学习，确立积极的价值取向，促进能力向素养的转化。

Step 8：Assignment

1. Surf the internet to know more about Yuan Longping and share your information with your classmates.

2. Write a brief introduction to Yuan Longping.

设计意图：鼓励学生通过上网搜索更多关于袁隆平的故事，引导学生树立远大的理想。通过写介绍袁隆平的短文，一方面可以检测学生对文本的整体把握；另一方面这也是笔头的输出，锻炼学生概括总结信息的能力。

【课后总结】

1. 较为成功的方面

（1）用图片、音乐、文字等辅助工具声情并茂地将学生带入文章，学生的好奇心和积极性被大大激发，同时学生对视频小片段的欣赏也帮助学生了解文本的背景。

（2）本堂课的成功之处在于教学设计始终以学生为中心，教师学会放手，让学生自己通过猜测去初步了解文章的整体结构，然后通过阅读文本去寻找信息，通过思考去深层次地把握语篇的结构，去体会文章标题和内容之间的联系，培养学生的批判性思维能力。

（3）教学设计注重德育的渗透，尤其是最后一个环节的两个问题的深层次讨论，引导学生学习科学家的高贵品质，确立积极的价值取向和远大的理想。

2. 不足之处

课堂容量较大，在Role Play环节中，学生只展示了两组。

（深圳市福田区红岭中学　何晓炼）

物理学与人类文明对我们的启示

【推荐理由】

该课为高中物理的总纲与起始，内容旨在引发学生的学习兴趣，树立科学理想，让学生对人类的自然科学怀揣敬畏之心，对世界的物质探索满怀憧憬。在传授学生学习方法或培养学习兴趣时，兼顾对学生正确的人生观、世界观有机形成的德育目标。

【适用年级】

高一年级第一学期。

【课堂背景】

学生经过初中物理学习，已对物理学的基本知识有所了解。通过本节课的学习，让学生进一步了解物理、增加兴趣、激发斗志、掌握方法。

【课堂目标】

1. 通过绪言的学习，让学生对物理产生浓厚的兴趣；了解学好物理的一般方法，掌握学习策略。

2. 大致明确高中物理的学习内容，明确物理学习的有趣性、有用性。让学生了解物理、增加兴趣、激发斗志、掌握方法，树立学好物理的必胜信心。

3. 通过对物理简史的回顾，学习人类先贤们锲而不舍的研究精神与坚定不移的科学梦想。

【重点难点】

重点：理解学习物理的方法与物理学的研究范围和学习方法。

难点：物理学知识与德育思想的有机结合。

【设计思路】

1.介绍物理学发展宏观历程，增加学生的感性认识。

2.做趣味实验引发学生兴趣，使师生之间找到共同语言。

3.思考为什么要学习高中物理，如何才能学好高中物理。

【课堂实录】

（一）导入（5分钟）

师：物理是一门严谨的自然科学，是人类几百年智慧的结晶，物理学史更是一部人类与世界对话的奋斗史，无数智者为我们描绘了这个神秘而又精彩的世界。那么，请同学们观看短片《科学发现者》。

（二）宏观介绍：讲授与讨论（25分钟）

师：看过短片，大家是否知道物理学是研究什么的科学？

生：力学、电学、欧姆定律等。

师：非常好，这就是你们初中物理的主干知识，但却不完整。

物理学的研究对象：物理学是研究物质的内部结构、物质存在的基本形式以及它们的性质和运动规律的学科，物理学是一门实验科学，也是一门崇尚理性、重视逻辑推理的自然科学。

物理学与其他科学技术的关系：物理学是现代自然科学的基础之一，物理学在自然科学的各个领域都起着重要作用。

物理学与社会进步：物理学的发展孕育了技术的革新，促进了物质生产的繁荣，改变了人类的生产和生活方式，推动了社会的进步。

物理学与思维观念：丰富了人类对物质世界的认识，也改变和扩展着人类的思维方式，是人类思维观念进步的伟大阶梯。

物理学的未来：自然界中最常见的运动状态，往往既不是完全确定，也不是完全随机的，而是介于两者之间，但为理解这类现象的混沌理论还远未成熟。

师：为什么要学习高中物理？

生：为了考大学，听说很难！

师：说得好，就是为了考大学！哈哈，但为什么高考要考物理呢？

之所以要进一步学习物理知识，是由物理知识的有用性、有趣性和在学习的过程中对个人文化素质的提升、优良品格的养成、分析和解决问题能力的提高的作用所决定的。

师：物理不只是研究物体结构和运动基本规律的学科，它的研究范围广泛，大至巨大的天体（$10^{26} \sim 10^{27}$m），小至微观粒子（10^{-15}m），长至寿命达10^{18}s的宇宙，短至寿命仅为10^{-25}s的微观粒子，研究对象的时空跨度如此之大，是任何学科都不能比拟的。根据研究对象的不同，物理学分成众多的分支，如力学、热学、电磁学、光学、统计物理学、量子力学、原子和原子核物理学、凝聚态（固态和凝态）物理学、粒子物理学（高能物理）等。单从以人为本的思想出发，物理学的研究范围涵盖了人类活动的所有场所，并有所超越，且对人类的过去和将来给予强烈的人文关怀，对人的潜能的开发、生存和生活环境的改善都有极大的推动作用。

物理学的研究成果和研究方法，在自然科学的各个领域都起着重要作用。在其他领域的研究中，由于物理成果和研究方法的引入，产生了许多交叉学科，取得了丰硕的研究成果。如李四光创建的地质力学，对大庆油田、胜利油田、大港油田的发现起着指导作用；利用x射线衍射的方法确定了细胞核内脱氧核糖核酸（DNA）的双螺旋结构；在化学工业上的应用就更为广泛，如电解、电镀等。

物理学是现代技术的重要基础，空间技术、现代通信技术、激光技术、现代医疗技术等的发展都与物理学密切相关。我们生活在一个现代化的社会中，衣、食、住、行、交往、通信、医疗、娱乐等方面的先进设施或仪器，无不与物理学知识及应用有关。

物理学对推动社会发展有着重要作用。如热学的研究，导致蒸汽机的发明，促进了手工业生产向机械化大生产转变，扩大了人们活动的空间，大大推动了社会的发展。电能的开发和利用，给生产和生活带来了深刻影响，使人类社会进入了电时代。原子核物理学的研究，向人们展示了新的能源形式——核能，大大加速了社会现代化的步伐，核能的和平和军事应用，正在深刻地影响着世界发展和格局，对人们的心理也产生了重大影响。

对学生个人而言，学习高中物理有短期和长期的功利作用。首先，物理作为高中阶段的必修课、高考的必考科目、大学中80%的专业都要开设的课程，学习物理不仅让学生获得了一些物理知识，掌握了一些物理概念和规律，为他们解答了一些物理习题，更重要的是在上述学习过程中，明确概念、规律的建立及发现的原因和方法，让他们掌握研究问题的方法，思维受到训练，培养分析和解答实际问题的能力，提升信息素养，使他们具备科学精神，具有终身学习的能力。其次，物理学大厦的建立是由许多科学家长期奋斗、不怕失败、敢于修正错误、敢于否定前人逐渐接近真理而完成的。这里有科学家的自我牺牲、忘我奋斗；有科学家苦苦思索而不得，灵感闪现而有所获的传奇经历；也有科学家深邃的思想、严密的逻辑推理，更有科学家学贯中西、巧构妙想的直觉思维……这里是丰富的思想宝库，蕴藏着丰富的人文精神。学生在学习过程中，如能用心体会，不断地感悟内化，学以致用，见物思想，见想思人，以人为本，注重思想品德的提升，注重科学精神和人文精神的统一，那么他们的物理知识、个人素质、人格品位会得到同步提升，水平和能力就会大大地提高。

师：现在我们分组做一个物理趣味游戏吧，叫"水下核爆炸"。

我们分成6个小组，每组一个水杯，在水杯里放入一个小纸盒（包），会噼噼啪啪炸出很多水花来。所需材料和工具：跳跳糖、薄纸、玻璃杯、清水。准备一包跳跳糖，用一小块薄纸在铅笔上卷一个小纸筒，不用糨糊粘，将底边多出的部分向内折叠压紧，把纸筒从铅笔上拔下来，做成一个圆筒形无盖有底的小纸盒，把跳跳糖倒入纸盒里，将上口收拢捏一下，不必捏得太紧。倒一杯清水，最好用无条纹的平面玻璃杯。将装有跳跳糖的小盒投入水中，用铅笔压一下让它下沉，当水渗透到纸盒里接触了跳跳糖后就会发生"爆炸"，水花四溅，还会发出噼噼啪啪的声响，看上去非常有趣。

跳跳糖遇水后会有强大的吸水性，在吸水过程中自身迅速分裂，好像要跳起来一样，用纸包住它，再让它渗透水分，就控制了吸水过程，加大它的爆发力量，以它的跳动力量去冲击水，便会产生水花溅起的现象。

（三）分组游戏（10分钟）

师：刚才的实验很有趣，有个小组做得非常成功，但也有小组不太成功。为什么现象不明显呢？大家不要急，关于这个游戏的物理知识我们会在高二学到。到时，我们再一起讨论，再做一次试验。

今天说了很多，我用一句话来概括物理学吧。研万物之态，析世间之理。希望大家能真正爱上物理，高中三年学有所成，学有所获。

【课后总结】

本人期望课后的效果是：把高中物理的宏观概貌展示给学生。从与学生的交谈和书面表达中发现，学生在以下几个方面发生了显著变化。

（1）对物理认识全面了。

（2）对自己学好物理有信心了，并有了一定的心理准备。

（3）学生对物理产生了浓厚兴趣，主动收集资料，主动做题并提出大量问题。

（4）认识到改变学习方式的重要性，愿意采取合作学习、探索性学习的方法，愿意与人沟通和合作，期望共同进步。

通过有趣的实验、精彩的讲解，吸引学生步入物理学的殿堂，并通过学习策略和学习方法的指导，使学生认识到物理能学好、会学好、学得好，但要努力并掌握正确方法，而最好的方法是适合自己的方法，只能靠自己摸索，谁也无法代替。

学习策略问题是首要问题，尽管讲得很多，一是宏观讲、不具体，二是不是学生亲身经历总结得出的，充其量只是让学生有一个概念和意识。在以后的教学中还要经常讲、反复讲，不断提醒、不断强化，学生还必须勇于实践和总结，才能收到实效。

（深圳市福田区红岭中学　赵刚）

碳酸钠及碳酸氢钠的性质

【推荐理由】

学生经过两个月的高一化学知识的学习，已经初步建立了一些化学的基本认知。刚刚开始学习元素及其化合物知识时，鉴于元素及其化合物在其认知发展过程中所具有的实验探究特征，我们选取生活中常见的苏打和小苏打这两种盐作为切入点来研究"碳酸钠和碳酸氢钠的性质"，该课作为学生自主探究的实验课，并在课程中使用实验进行师生互动、生生互动。本节课比较符合学生的认知水平，对学生的实验学习也有一定的帮助。

【适用年级】

高一年级。

【课堂目标】

1. 知识目标：使学生了解碳酸钠和碳酸氢钠的主要性质及用途。

2. 能力目标：培养学生的实验设计能力、操作技能、观察能力和分析问题的能力。

3. 德育渗透点、德育目标：通过实验探究，体验科学探究的艰辛和喜悦，培养学生严谨求是的态度和善于合作的品质以及节约药品和环保的观念；通过介绍碳酸钠和碳酸氢钠在生产和生活中的应用，提高学生学习化学的兴趣，增强学生学好化学、服务社会的责任感和使命感；通过侯德榜的生平及侯氏制碱法的介绍，对学生进行爱国主义和科学精神的教育。

【重点难点】

重点：碳酸钠和碳酸氢钠的性质。

难点：如何引导学生正确观察实验现象，并分析这些现象的本质，对碳酸钠和碳酸氢钠的性质做出正确的判断。

【德育渗透知识载体】

高中化学必修1第56页知识点，思考与讨论：碳酸钠和碳酸氢钠的性质，在性质探究实验中你有什么感受？你了解我国化学家侯德榜是如何制备纯碱的吗？

【课前准备】

要求学生课前预习教材，查阅侯氏制碱法，并自己设计实验方案探究碳酸钠及碳酸氢钠的性质。课前收集学生的预习情况，初步掌握学生的认识水平。

【设计思路】

本节课的主要内容是有关碳酸钠和碳酸氢钠性质的实验探究，课本中的实验都比较简单，学生已经具备独立操作该节课内容中所有化学实验的能力。因此，本节课采取教师引导、学生主动参与、分组小组合作亲身体验学习过程的教学方法，即以教师提出问题，学生实验对比探究为主的教学方法，着重培养学生的探究意识和能力。最后介绍我国著名化学家侯德榜及侯氏制碱法，既可对学生进行爱国主义和科学精神的教育，又可使学生体验到科学知识（碳酸钠与碳酸氢钠的水溶性和热稳定性）的运用价值。

【课堂实录】

碳酸钠及碳酸氢钠性质探究的课堂教学展示

教学环节	教师活动	学生活动	设计意图
1. 课前任务	要求学生课前预习教材，查阅侯氏制碱法，并自己设计实验方案探究碳酸钠及碳酸氢钠的性质	学生课前预习教材，自己设计碳酸钠及碳酸氢钠性质验证性实验方案······	调动学生自主学习能力，培养学生动手能力，引导学生认真阅读侯氏制碱法，并通过中国"化工之父"侯德榜先生的生平事迹教育学生
	课前收集学生的预习情况，初步掌握学生的认识水平	通过PPT介绍两者的用途，简单说明两者的不同	培养学生的资料收集、归纳能力
2. 引入新课（5分钟）	碳酸钠俗名纯碱，也叫苏打；碳酸氢钠俗名小苏打，是我们通常所讲的"苏氏两姐妹"，在家庭厨房常备有这两种物质。这两种物质有什么作用呢？今天我们来探究一下碳酸钠和碳酸氢钠有哪些主要性质。设问：（1）研究化学物质的性质程序如何（2）你的课前研究符合这个研究程序吗	观察物质的外观性质→得出部分物理性质（颜色、状态）→预测物质的性质→设计并实施实验	加强对模型认知能力的培养。培养学生认识物质从宏观到微观的一般规律
3. 模型认知（10分钟）	碳酸钠及碳酸氢钠的物理性质	学生观察色、态，闻味道，做水溶性实验	交流成果，实物验证。培养学生实事求是的科学探究精神
	（1）回忆盐类的通性（2）碳酸钠及碳酸氢钠与盐类通性的相同点和差异点	通过这两种盐的类别判断推测可能具有的化学性质：如与盐酸、硫酸等酸的反应；与氯化钙、氯化钡等盐的反应；与氢氧化钠、氢氧化钡等碱的反应	从类别观上分析物质的性质。培养学生科学探究能力与演绎归纳能力

教学环节	教师活动	学生活动	设计意图
4.探究活动（15分钟）	组织讨论，优化方案	根据实验桌上的药品，设计实验来探究碳酸钠和碳酸氢钠的化学性质	分组汇报课前设计的实验方案，验证其部分性质。培养学生质疑能力和动手操作能力
	实验探究：组织分组实验，并要求各小组根据实验情况进行总结	按照三套方案分组进行实验：①溶解性以及与$CaCl_2$反应；②用Na_2CO_3和$NaHCO_3$溶液分别与盐酸反应；③用Na_2CO_3和$NaHCO_3$固体分别与盐酸反应	分组实验，培养学生合作探究的精神，同时养成学生节约药品、注意环保的观念
	理论探究：从化合价上推测Na_2CO_3和$NaHCO_3$的性质	从化合价上推测碳酸钠及碳酸氢钠的氧化性不突出，还原性不明显	从价态观对学生进行宏观辨识与微观探析的核心素养的培养。培养学生从具体到抽象的认知能力
5.应用提升（5分钟）	（1）讨论Na_2CO_3和$NaHCO_3$固体和液体的区别办法，要求利用化学方法	① 加热Na_2CO_3和$NaHCO_3$固体用澄清石灰水检验产物，比较二者的热稳定性 ② 与酸反应。相同质量的Na_2CO_3和$NaHCO_3$固体与盐酸反应。比较现象 ③ 与$CaCl_2$溶液或$BaCl_2$溶液反应	践行科学认识发展观，通过讨论，让学生充分地参与实践、认识、再实践、再认识的辩证唯物主义的认识过程
	（2）讨论为什么$NaHCO_3$与盐酸的反应比Na_2CO_3剧烈？	学生讨论后回答，得出Na_2CO_3与稀HCl反应是分步进行的 ① $Na_2CO_3+HCl \!=\!= NaCl+NaHCO_3$ ② $NaHCO_3+HCl \!=\!= NaCl+H_2O+CO_2\uparrow$ 总反应 $Na_2CO_3+2HCl \!=\!= 2NaCl+H_2O+CO_2\uparrow$	证据推理与模型认知方面培养，与初中知识进行衔接

教学环节	教师活动	学生活动	设计意图
	厨房里的碱面和发酵粉装在相同的小瓶中，你如何区分	学生欠缺生活经验，听教师介绍，接受知识	联系实际，拓展应用。让学生了解社会，掌握技巧，培养学生的方法论
6.知识拓展（2分钟）	古代，人们从草木灰中提取碳酸钾，后来又从盐碱地和盐湖等天然资源中获取碳酸钠，但量太小。1862年，比利时人索而维以NaCl、CO_2、H_2O、NH_3为原料生产Na_2CO_3，叫"索而维法"。1940年，我国著名化工专家侯德榜先生冲破了外国对索而维法的技术封锁，并加以改进，把合成氨和纯碱两种产品联合生产，这便是举世闻名的"侯氏制碱法"。该方法生产的"红三角"牌碱质量优良，纯白如雪，在1926年获美国费城"万国博览会金质奖章"	查阅资料：侯德榜的生平及侯氏制碱法	对学生进行爱国主义和科学精神的教育
7.课堂总结（3分钟）	学生归纳	学生回顾课堂，得出Na_2CO_3和$NaHCO_3$的性质	梳理认知结构，养成学生及时总结和脚踏实地的能力
8.课堂巩固（5分钟）	（1）实验探究 	通过什么实验现象验证碳酸钠和碳酸氢钠的稳定性	控制变量思想进行实验探究。培养学生归纳演绎的能力。从遵守课堂教学规则的外驱力发展到由责任心驱使的内驱力，并使学生达到由于兴趣而对化学学科的学习痴迷的境界

教学环节	教师活动			学生活动	设计意图
8.课堂巩固（5分钟）	（2）Na_2CO_3、$NaHCO_3$的除杂			通过练习，巩固课堂知识	让学生学以致用，对知识的广度和深度都有较好的设计。提升实验探究能力及实验设计能力，并引导学生学会定量分析，培养学生对科学的热爱和求真的思想
	序号	混合物（括号内为杂质）	除杂方法		
	1	Na_2CO_3（s）（$NaHCO_3$）	加热法		
	2	$NaHCO_3$（aq）（Na_2CO_3）	通入足量CO_2		
	3	Na_2CO_3（aq）（$NaHCO_3$）	滴加适量NaOH溶液		

【课后总结】

"碳酸钠和碳酸氢钠的性质探究"这部分内容，其性质并不是本单元教学的难点，知识层面要求不高。作为科学探究的"区别Na_2CO_3和$NaHCO_3$的实验"，教材的设计是以列表的形式提供信息，由学生进行实验方案的设计，且实验都简单易做，学生可以通过努力独立完成或者小组合作完成。

根据以上特点，笔者淡化了Na_2CO_3和$NaHCO_3$化学性质的教学，将本节的课堂目标定位在"让学生体验科学探究的过程，学会科学探究的一般方法"，并且将科学精神、探究精神融入教学当中。从生活引入，以实验探究、讨论式教学法的形式展开，特别是设计学案，辅助教学，引导和启发学生进行主动建构，既可充分发挥学生的课堂主体地位，又可充分发掘教师的辅导作用，这样更能激发学生学习的兴趣和情感。

拉伯雷说过："没有良知的科学只会是灵魂的废墟。"学科教学要重视挖掘知识中的"良知"，使知识更好地在社会文明中发挥作用。我们可以利用学科知识体系中所包含的德育因素的不同，遵循学科特点和规律，认真钻研教材，找准切入点，巧妙地把知识教育和道德教育结合起来，在恰当的层次上渗透，使学生获得高品位的知识。

以上案例中，学生的好奇心和学习兴趣会得到充分的激发，学生可以最大限度地感受知识的生成过程，其观察、动手、思维能力及分析和解决问题的能力会得到充分的提高，还可以促使学生了解社会、转变观念、增强信念、锻炼意志、掌握技巧、形成良好的劳动习惯等。与此同时，学生能够真正体验到科学的真理来自实践的检验，其创造力和科学精神会得到一定程度的升华。学生活动既有自主学习的过程，又有合作学习、探究学习的过程，让学生从遵守课堂教学规则的外驱力发展到由责任心驱使的内驱力，并使学生达到由于兴趣而对化学学科的学习痴迷的境界。教师必须在充分吸收各教学理论的合理成分的基础上，结合教学内容、学生实际及教学条件，有机地将德育渗透到课堂中，做到增长知识的同时，提升德育修养。

（深圳市福田区红岭中学　王平）

孟德尔的豌豆杂交实验（二）

【推荐理由】

孟德尔的豌豆杂交实验（二）这一节课，不仅是高一生物必修2教学中的重难点，而且也是课堂渗透"科学思想、科学探究"两个生物核心素养的典型课例。

【适用年级】

高一年级第二学期。

【课堂目标】

1. 知识目标：阐明孟德尔的两对相对性状的杂交实验及自由组合定律；说出基因型、表现型和等位基因的含义。

2. 能力目标：培养学生的逻辑推理能力，提高科学素养。

3. 德育目标：通过学习孟德尔遗传规律的揭示过程、分析孟德尔遗传实验获得成功的原因，渗透孟德尔热爱科学、锲而不舍、尊重事实并运用科学的思维方法认识事物、解决实际问题的思维习惯和能力；通过了解孟德尔在实验研究中"假说—演绎法"的方法创新、思维创新，体验科学家的创造性思维以及勇于创新的科学探究精神。

【重点难点】

重点：对自由组合现象的解释，阐明自由组合定律；分析孟德尔遗传实验获得成功的原因，渗透孟德尔严谨求实的科学态度，勤于实践、勇于探究的精神。

难点：对自由组合现象的解释。

【教学方法】

小组讨论、问题教学。

【德育渗透知识载体】

高一生物必修2第11页知识点，思考与讨论：孟德尔获得成功的原因。

【课前准备】

安排学生课前预习孟德尔的两对相对性状的杂交实验过程并能口头描述；查阅有关孟德尔科学研究过程的史实资料，了解孟德尔获得成功的原因。

【设计思路】

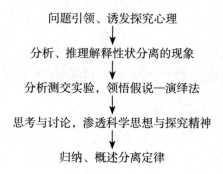

问题引领、诱发探究心理

分析、推理解释性状分离的现象

分析测交实验，领悟假说—演绎法

思考与讨论，渗透科学思想与探究精神

归纳、概述分离定律

【课堂实录】

（一）问题引领、诱发探究心理

师：出示教材问题探究的"圈养的奶牛"图片后抛出问题：一个品种的奶牛产奶多，另一个品种的奶牛生长快，如果要想培育出既产奶多又生长快的奶牛，可以采用什么方法？这里涉及奶牛的几对相对性状呢？

生：可以采用杂交实验。此处涉及奶牛的两对相对性状：产奶多少与生长快慢。

师：孟德尔在分别研究了豌豆的七对相对性状的杂交实验并通过假说—演绎法得到基因分离定律后，没有停止科学探究的脚步，又提出了新的疑问：一对相对性状的分离，对其他相对性状有没有影响呢？修道院花园里的豌豆，就粒色和粒形来说只有两种类型，一种是黄色圆粒的，一种是绿色皱粒的。是不是决定粒色的遗传因子对决定粒形的遗传因子有影响呢？黄色的豌豆一定是饱满的，绿色的豌豆一定是皱缩的吗？于是，孟德尔用纯种黄色圆粒豌豆和纯种绿色皱粒豌豆做亲本进行了杂交实验。哪位同学能够据图介绍孟德尔的两对相对性状的杂交实验的过程呢？

生：孟德尔的两对相对性状的杂交实验与一对相对性状杂交实验的流程相同：先杂交后自交，观察并记录每一代的性状表现与比例。不同点是：两对相对性状的杂交实验的F1均表现为某两种性状；F2的性状分离比是9：3：3：1。

提示：教师在课前布置学生阅读教材《孟德尔的豌豆杂交实验（二）》的作业；课堂上先由学生描述，以培养学生的概括归纳能力和语言表达能力。需要时，教师再进行提炼。

师：孟德尔在两对相对性状的杂交实验中提出了什么新问题呢？

生：孟德尔提出两个问题：① F2中为什么会出现绿圆和黄皱的新性状组合呢？② F2中四种性状的数量比是9：3：3：1，这样的比例与一对相对性状实验中F2的3：1的数量比有联系吗？

师：请同学们继续根据孟德尔的两对相对性状的杂交实验图解，小组讨论分析后派代表回答：

（1）每一对相对性状中的显性性状是什么？判断依据是什么？

（2）根据分离定律分析，每一对相对性状在F2中的性状比是多少？

（3）从数学角度分析，9：3：3：1与3：1能否建立数学联系？这一数学关系说明什么？

生：① 根据F1均表现为黄色圆粒，说明黄对绿为显性、圆对皱为显性。② F2的粒形中，黄：绿=（315+101）：（108+32）=416：140，接近3：1；粒色中，圆：皱=（315+108）：（101+32）=423：133，接近3：1。③ 9：3：3：1=（3：1）：（3：1）。这一数学关系说明两对相对性状中的每一对相对性状的遗传依然遵循分离定律，说明两对相对性状的遗传互不干扰。

提示：个别学生回答后，先由其他小组补充发言，需要时，教师再进行补充归纳。

（二）分析、推理解释性状分离的现象

教师带领学生共同说出假说—演绎法的四个步骤依次是：观察现象提出问题、分析问题提出假说、演绎推理验证假说、分析结果得出结论。

师：孟德尔在一对相对性状的杂交试验中，用四句假说对分离现象做出了解释。如果你是孟德尔，请依据黄色圆粒豌豆与绿色皱粒豌豆的杂交实验分析图解，继续用四句假说对两对相对性状的杂交实验现象做出解释。

学生个体在讲台上指着黄色圆粒豌豆与绿色皱粒豌豆的杂交实验分析图解，分析、推理解释性状分离的现象：

1. 豌豆的圆粒和皱粒分别由遗传因子R、r控制，黄色和绿色分别由遗传因子Y、y控制。

2. 纯种黄色圆粒豌豆和纯种绿色皱粒豌豆的遗传因子组成分别是YRR和yyr，它们产生的F1的遗传因子组成是YyRr，表现为黄色圆粒。

3. 在产生配子时，每对遗传因子彼此分离，不同对的遗传因子可以自由组合。这样F1产生的雌配子和雄配子各有4种：YR、Yr、yR、yr，它们之间的数量比为1∶1∶1∶1。

4. 雌雄配子的结合是随机的。雌雄配的结合方式有16种；遗传因子的组合形式有9种：YYRR、YYRr、YyRR、YyRr、YYrr、Yyrr、yyRR、yyRr、yyrr；性状表现为4种：黄色圆粒、黄色皱粒、绿色圆粒、绿色皱粒，它们之间的数量比是9∶3∶3∶1。

师出示：

1. 出示如下两对相对性状的杂交实验中性状的自由组合图，指出在F2中有4种性状，其中双显性的黄色圆粒豌豆和隐性的绿色皱粒豌豆的性状比为9∶3，与亲本性状相同；黄色皱粒豌豆和绿色圆粒豌豆的性状比为3∶3，与亲本性状不同，是重组类型。

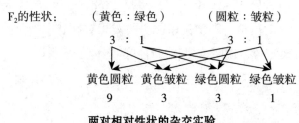

两对相对性状的杂交实验

2. 出示如下两对相对性状的杂交实验中遗传因子组成的自由组合图，指出在F2中有9种遗传因子组成，其中纯合子4种，每一种占F2的1/16；单杂合子4种，每一种占F2的2/16；一种双杂合子，占F2的4/16。

（1YY∶2Yy∶1yy）	（1RR∶2Rr∶1rr）	
1YYRR	2YYRr	4YyRr
1YYrr	2YyRR	
1yyRR	2Yyrr	
1yyrr	2yyRr	
4种纯合子，	4种单杂合子，	1种双杂合子，
每一种占F2的1/16	每一种占F2的2/16	占F2的4/16

F2遗传因子组成有9种

（三）分析测交实验，领悟假说—演绎法

师：一种正确的假说，不仅能解释已有的实验结果，还应该能够预测另一些实验结果。请同学们写出黄色圆粒豌豆和绿色皱粒豌豆测交实验的分析图解。

师引导学生在一对相对性状杂交实验现象的分析基础上，对两对相对性状的测交实验进行分析：测交实验的子代有4种性状，比例为1∶1∶1∶1的原因是，杂种子一代YyRr中的Yy、Rr分别产生的两种配子Y、y与R、r之间经过自由组合，产生了YR、Yr、yR、yr四种配子，比例为1∶1∶1∶1。这是基因自由组合定律的实质。

（四）思考与讨论，渗透科学思想与探究精神

师：在孟德尔的杂交实验（二）中，同学们了解了孟德尔的生平以及采用科学研究方法假说—演绎法得出基因分离定律的过程。事实上，在孟德尔发现遗传规律之前，一些研究杂交育种的专家对杂种后代出现性状分离的现象早已熟知，但是他们往往把一种生物的许多性状作为研究对象，并且没有对实验数据作深入的统计学分析。

孟德尔对杂交实验的研究也不是一帆风顺的。他曾花了几年时间研究山柳菊，结果却一无所获。主要原因是：① 山柳菊没有既容易区分又可以连续观察的相对性状；② 当时没有人知道山柳菊有时进行有性生殖，有时进行无性生殖；③ 山柳菊的花小，难以做人工杂交实验。

师：现在，小组合作完成教材第11页的思考与讨论：孟德尔获得成功的原因，时间5分钟，并对积极正确回答问题的小组加分。

1. 用豌豆作杂交实验的材料有哪些优点？这说明实验材料的选择在科学研究中起怎样的作用？

2. 如果孟德尔对相对性状遗传的研究不是从一对到多对，他能发现遗传规律吗？为什么？

3. 如果孟德尔没有对实验结果进行统计学分析，他能不能对分离现象做出解释？

4. 孟德尔对分离现象的解释在逻辑上环环相扣，十分严谨。他为什么还要设计测交实验进行验证呢？

5. 除了创造性地运用科学方法以外，你认为孟德尔获得成功的原因还有哪些？

小组代表举手回答，组员可以及时补充。

提示：每一小题回答完毕后，教师在课件上及时呈现答案，避免小组合作流于形式，削弱学生对知识的掌握。

小组发言代表1：豌豆适于作杂交实验材料的优点有：① 具有稳定的易于区分的相对性状，如高茎和矮茎，高茎高度在1.5～2.0m，矮茎高度仅为0.3m左右，易于观察和区分；② 豌豆严格自花授粉，在自然状态下可以获得纯种，纯种杂交获得杂合子；③ 花比较大，易于做人工杂交实验。孟德尔正是因为选用了豌豆做杂交实验，才能有效地从单一性状到多对性状研究生物遗传的基本规律，才能对遗传实验结果进行量化统计，所以，科学地选择实验材料是科学研究取得成功的重要保障之一。

师：孟德尔获得成功的首要原因是正确选用实验材料。同学们将来不论是从事科学研究工作，还是在日常生活中解决实际问题，如家庭装修的选材上都是一个很好的启发。

小组发言代表2：如果孟德尔只是研究多对相对性状的遗传，很难从数学统计中发现遗传规律，因为如果研究n对相对性状，将会有两个性状组合，这是很难统计的，也很难从数学统计中发现问题，揭示生物的遗传规律。

师：同时研究多对相对性状是前人在遗传杂交实验中留下的经验与教训，孟德尔恰恰借鉴了前人的遗传研究经验，改变实验方法，从简单到复杂地进行观察、统计、分析实验结果，从而发现问题、提出假说、实验验证、得出结论。这一问题对同学们有何启示呢？

生：我们在日常的学习中、考试答题过程中，都应该遵循从简单到复杂的思维规律。先把基础、中等难度的知识与题目学好、做对。平时学习不要一味热衷于购书刷题，考试时认真做好80%的基础题与中等难度题目，不盲目追求速度，不把大量时间花在最后的压轴题上，尤其是数学与物理的学习与考试。

师：个别同学在课堂上尤其是习题课上不认真听讲、偷偷刷题，更是得不偿失了。

小组发言代表3：如果孟德尔没有对实验结果进行统计学分析，他很难做出对分离现象的解释。因为通过统计，孟德尔发现了生物性状的遗传在数量上呈现一定数学比例，这引发他揭示其实质的兴趣。同时这也使孟德尔意识到数学概率也适用于生物遗传的研究，从而将数学方法引入对遗传实验结果的处理和分析。

师：学好数学很重要。在日常学习中，方法比勤奋更重要。

小组发言代表4：作为一种正确的假说，不仅能解释已有的实验结果，还应该能够预测另一些实验结果。孟德尔这种严谨求实的科学态度与探究精神很值得我们学习。平时在学习上，有知识疑问时应该及时向老师或同学寻求帮助，不能让不会的知识雪球越滚越大。

师：上节课安排同学们查阅有关孟德尔科学研究过程的史实资料，了解孟德尔更多获得成功的原因。哪位同学给大家介绍一下呢？可以展示视频与文字资料。时间2分钟。

生借助PPT进行了展示：

我们小组查阅资料发现，孟德尔获得成功的原因除了刚才同学们提到的创造性地运用科学方法之外，还总结了以下几个方面。

（1）扎实的知识基础和对科学的热爱。孟德尔在维也纳大学进修学习时，通过对自然科学的学习，产生了生物类型是可变的，可以通过杂交产生新的生物类型等进化思想。同时孟德尔还学习数学，受到"数学方法可以应用于各门自然科学之中"的思想影响，产生应用数学方法解决遗传学问题的想法，这些使孟德尔成为第一个认识到概率原理能用于预测遗传杂交实验结果的科学家。

（2）严谨的科学态度。孟德尔对杂交实验的研究是从观察遗传现象出发，提出问题，做出假设，然后设计实验验证假设的研究方法。这在当时是一种新的研究思路，光是豌豆的杂交实验，他就没有局限于对实验结果的简单描述和归纳，而是分析得出了基因的分离定律和基因的自由组合定律。

（3）勤于实践。孟德尔在豌豆的遗传杂交实验研究中，连续进行了8年的研究，并且对每次实验的结果进行统计分析，从中发现了前人没有发现的规律。

（4）敢于向传统挑战。孟德尔通过实验研究，提出了"颗粒性遗传"的思想，这是对传统的遗传观念的挑战。

师：同学们，科学家取得一个研究成果都需要经过8年锲而不舍的努力与坚持，我们在学习上是否也应该具有善于钻研、严谨学习、坚持不懈的态度和精神呢？是否应该相信自己的学习能力，不轻言放弃，认真完成作业、按时交作业呢？

（五）归纳、概述分离定律

师生以填空的形式归纳自由组合定律的内容。控制不同性状的遗传因子的分离和组合是互不干扰的：在形成配子时，决定同一性状的成对的遗传因子彼此分离，决定不同性状的遗传因子自由组合。

（六）孟德尔遗传规律的再发现

师：同学们，大家对"基因"一词应该是耳熟能详的，你们知道基因是谁提出来的吗？和孟德尔提出的"遗传因子"是什么关系？

生："基因"是丹麦生物学家约翰逊给孟德尔的遗传因子起的一个新名字。

师：约翰逊不仅提出基因的概念，还提出表现型、基因型和等位基因的概念。其中表现型就是性状的代名词，基因型是遗传因子组成的代名词。如果D、d是决定相对性状的等位基因，那么D、D，d、d是等位基因吗？

生：是。

师：D、D与d、d均是相同基因。

【课后总结】

孟德尔的杂交实验（二）不仅是必修2的知识重点与难点，也是高考的必考内容。本节课需要两个课时完成。其中孟德尔获得成功的原因，体现了孟德尔的科学探究精神与创新思维，在课堂教学中利用10分钟的时间进行渗透，对于学生提高生物核心素养有很大帮助。

（深圳市福田区红岭中学　高军丽）

传统文化的继承

【推荐理由】

1. 有利于培养学生对传统文化的热爱，培养文化自觉和自信。

2. 培养学生的爱国主义情怀。

【适用年级】

高二年级。

【课堂目标】

1. 知识目标：知道传统文化的重要内容，懂得文化的继承性；分析传统文化的相对稳定性和鲜明的民族性，解析中国传统文化在现实生活中的作用。

2. 能力目标：能运用辩证的观点分析传统文化，培养分辨传统文化中精华与糟粕的能力。

3. 德育目标：领悟我国传统文化的价值，激发学生热爱、学习、继承传统文化的热情，树立对待传统文化的正确态度，培养学生的爱国主义情怀。

【重点难点】

重点：传统文化的特点；正确对待传统文化的态度。

难点：传统文化在今天的作用。

【教学方法】

课堂表演、小辩论、诗词比赛。

【德育渗透知识载体】

政治必修3《文化生活》第四课第一框。

【课前准备】

1. 预习本课，请学生查找爱国主义诗词，几名学生准备表演小品《屈原投江》。

2. 课前教室里流淌着中国古典音乐，课件背景选用中国风的画面。

3. 营造传统文化的继承传授氛围。

【课堂实录】

（一）导入

1. 课堂准备

（1）教师情境设置与引导

感悟传统：欣赏古典音乐《云水禅心》。

（2）学生探究活动

音乐欣赏。

（3）设计思路

感悟中国传统文化的强大魅力。

2. 传统文化的含义

（1）教师情境设置与引导

情境创设：教师展示民国与当代小学生郊游短文。

（2）学生探究活动

学生活动1：美文赏析；感受差距，分析原因。

（3）设计思路

激发学生对传统文化的兴趣和责任感。

（二）学生活动

1. 传统文化的含义

（1）教师情境设置与引导

考考眼力：PPT图片呈现京剧、故宫、微信拜年、信息技术、端午节。

（2）学生探究活动

学生活动2：快速抢答。学生抢答哪些选项是传统文化，并通过相互纠错，归纳出传统文化内涵。

（3）设计思路

营造课堂竞争气氛，提高学生的反应能力，正确理解传统文化内涵。

2. 传统习俗的继承

（1）教师情境设置与引导

提问设疑：选项中的"端午节"属于传统文化的哪种表现形式？转入传统习俗教学。

（2）学生探究活动

学生活动3：角色扮演《屈原投江》。表演完毕后，学生讨论端午节流传至今的原因，归纳出传统习俗的知识和传统文化的特点。

（3）设计思路

① 感受传统习俗的继承；② 归纳传统文化的特点；③ 培养学生的爱国主义情怀。

3. 传统建筑的继承

（1）教师情境设置与引导

回归乡土：传统习俗对传统建筑产生的深刻影响，教师展示深圳大鹏古城图片。

（2）学生探究活动

学生活动4：微辩论赛"古城该不该拆"。（明清抗倭军事遗址，现因修路需要部分拆除）分大鹏居民、开发商两方展开微辩论。通过辩论归纳传统建筑的重要性和可继承性。

（3）设计思路

① 提高思辨能力，正确处理传统与现实的冲突；② 培养学生的爱国主义情怀。

4. 传统文艺的继承

（1）教师情境设置与引导

穿越时空：假如你是古人，会用什么方式表达对传统建筑的喜爱？转入传统文艺教学；教师给竞赛优胜组颁奖。

（2）学生探究活动

学生活动5：书法年代秀。小组抽签选年代，利用小黑板，一名选手当场书写一句对应年代的爱国诗词。书法优胜者获胜。

（3）设计思路

① 了解传统文艺的形式，感受传统文艺；② 继续培养学生的爱国主义情怀。

（三）自主探究

1. 传统思想的继承

（1）教师情境设置与引导

承上启下：爱国主义诗词体现了爱国主义思想，转入传统思想的继承。

（2）学生探究活动

学生活动6：成果展示。学生PPT展示合作探究成果，以感动中国之古代思想家为专题。

（3）设计思路

① 了解中国古代伟大的思想家及其主要观点；② 培养学生合作探究能力，开阔视野。

2. 传统文化作用的两重性

（1）教师情境设置与引导

你来判断：PPT展示后，引导学生思考古代思想家们的观点及作用是否都积极。

（2）学生探究活动

学生活动7：各抒己见。学生自主分析归纳出传统文化作用的两重性。

（3）设计思路

把握传统文化作用的两重性，培养学生辩证思维能力。

3. 如何继承传统文化

（1）教师情境设置与引导

病情报告：教师PPT超链接网络信息，呈现传统文化继承中的各种问题；学生讨论完毕，对处方提炼升华。

（2）学生探究活动

学生活动8：我开药方。各小组合作开处方，总结归纳出对待传统文化的正确态度。

（3）设计思路

培养学生合作探究、分析和解决问题的能力。

（四）总结提升

（1）教师情境设置与引导

提炼总结：老师对本课内容简短归纳。

（2）学生探究活动

学生活动9：配音演讲。音乐响起，多媒体呈现中国优秀传统文化PPT，学生有激情地总结演讲。

（3）设计思路

综合运用多种因素，给学生以强烈的震撼与冲击，进行情感态度与价值观升华。

（五）课后内容

1. 作业布置

辨析：儒家思想是力量。

2. 教学反思

优点：教学环节设计恰当，教师、学生情绪饱满，参与度高，整节课充满激情；本节课可提供的课外素材非常多，内容丰富，容易引起共鸣，无论是对传统文化的热爱还是爱国主义的热情，都得到了很好的宣泄；传授知识的同时，有两条德育主线，明线是培养学生对传统文化的热爱，暗线是爱国主义教育。所有的案例都围绕爱国主义展开。

缺点：时间安排过于紧凑，若出现临时状况，就会导致后面环节的时间变得紧张。

（深圳市福田区红岭中学　郭岸柳）

抗日战争

【推荐理由】

"抗日战争"一课是普通高中课程标准试验教科书人教版历史必修1第四单元《近代中国反侵略、求民主的潮流》第16课。抗日战争是中国近代史上反侵略战争的第一次完全胜利，是中华民族从民族危亡走向民族复兴的伟大转折点。抗日战争是世界反法西斯战争的重要组成部分，为世界反法西斯战争的胜利做出了重要贡献。本课是本单元乃至本册教材的重要组成部分，涉及内容庞杂。学好本课，对同学们了解中国近现代历史的走向，感悟战争的残酷，理解和平的可贵，正确认识当代中日关系，增强民族自尊心、自信心，体悟家国情怀都具有重要意义。

本课的教学对象为高一年级学生。作为高中生，他们在初中阶段已经学习过抗日战争的相关知识，对抗日战争的起止时间、著名战役以及抗日民族统一战线的建立都有一定的了解。但是，由于刚刚开始高中历史的学习，多数学生对历史学习仍停留在初中简单记背知识点上，缺乏历史思维的训练，对一些历史问题难以形成自己的思考，对高中历史学科"史料实证""历史解释"等核心素养更是知之甚少。因此在课堂实录中，笔者有意识地加入相应史料，引导学生通过对史料内容进行解读，同时进行爱国主义教育的德育渗透，得出抗日战争是全民族的抗战以及抗日战争为世界反法西斯战争做出重要贡献等历史认识。同时，组织学生进行深入思考和交流，提升学生的综合能力。

【适用年级】

高一年级。

【课堂目标】

1. 知识目标：掌握日军侵华的罪行和中国军民抗日的史实，理解全民族抗战的重要性，探究抗战胜利的历史地位；通过让学生带着问题阅读教材和抗战家书等材料，培养学生的阅读能力、提取有效信息的能力和思维能力；通过设置相关情境引发探究，学生自主发言，培养学生分析和评价历史事件的能力、协作学习的能力和语言表达能力。

2. 能力目标：以论从史出、史论结合为基本原则，设置各种问题情境，引导学生在独立思考的基础上进行合作学习和交流，发现并探究抗战的相关问题。

3. 德育渗透点、德育目标：引导学生品读抗战家书，使学生牢记这场战争给中华民族带来的灾难，激发学生的爱国主义情感。同时使学生认识到抗战志士的爱国热忱，培养学生的国家责任感和历史使命感，增强民族自尊心、自信心，培养家国情怀。

【重点难点】

重点：理解全民族团结抗战和抗日战争胜利的意义。

难点：理解抗日战争中仁人志士的抗战精神，以及这种精神对抗战胜利的作用，对今天我们建设社会主义社会的积极影响。

【教学方法】

创设情境，以境激趣；自主探究，以行激情；史料分析，以思促悟。

通过上述教学方法让学生感悟历史、体验史实、得出史论、提升史能，从感性认识逐步上升到理性认识，做到论从史出、史论结合，提升学生的思辨能力、合作探究意识和创新精神，培养历史学科的核心素养，真正将新课标精神落到实处。

【德育渗透知识载体】

教材对淞沪会战的介绍。面对日本侵略者咄咄逼人的态势，叫嚣速战速决3个月灭亡中国，中国军队进行了顽强的抵抗。坚守在宝山县城的约500名中国官兵，遭到日军猛烈攻击后，营长姚子青率领守城勇士，抱定"固守城垣，一息尚存，奋斗到底"的决心，激战两昼夜，最后在巷战中全部壮烈牺牲。此处可以对学生进行爱国主义教育。从中国官兵不屈不挠、奋勇顽强抵抗日本侵略，最终壮烈牺牲中引导学生体会士兵们的爱国精神，从而培养学生的爱国主义精神。

教材对日本侵略者进行南京大屠杀、潘家峪惨案、七三一部队的恶行等内容的介绍，可以让学生认识到日本侵略者对中国进行了惨绝人寰的屠杀和灭绝人性的侵略，培养学生的爱国主义情感。

教材对抗日战争胜利的意义的描述，可以进行爱国主义教育。通过抗战胜利是中国人民100多年来第一次取得的反对外来侵略斗争的完全胜利，可以增强学生民族自尊心和自信心，有利于爱国主义教育目标的落地，有利于培育新时代具有社会主义核心价值观的好青年。

【设计思路】

本课将以教材内容为基础，通过多种史料的展现，引导学生自主思考，分析材料、提升认识，增强对抗日战争相关史实的理解，既完成课标要求的全民族抗战等重点内容的落实，又让学生在分析中思考，在思考中总结，在总结中提升。

【课堂实录】

（一）创设情境，视频导入

教师播放电影《无问西东》中西南联大师生在抗战炮火中坚持上课以及王力宏饰演的富家子弟沈光耀毅然从军等场景片段，创设情境，引领学生重温那段战时岁月，为正式引入教学内容做铺垫。

设计意图：抗日战争是史料非常丰富的一课，通过电影《无问西东》的视频导入本课，能够契合学生的兴趣点，拉近师生之间的距离。此外，用影像能够给学生造成视觉上、听觉上的双重直观感受，能让学生快速进入状态，感受那段烽火连天、炮声隆隆的岁月。

（二）材料支撑，推进新课

新课内容分为战与和的纠结、血与泪的交织、光荣与历史的功绩三个模块，分别对应战争的背景、战争的经过——从局部抗战到全面抗战、战争胜利的历史意义。

模块一：战与和的纠结——战争的背景

此模块笔者首先通过提问甲午中日战争的相关内容引导学生回顾近代以来日本的对华政策，通过给出《田中奏折》等史料引导学生分析日本发动侵华战争的原因。

材料：帝国内部现正痛切体验（经济危机）……生产力之不足，生产设备之不足，原料之不足及蓄积资本之不足。凡此均需开始新的战争，俾有所补充；而国内不稳势力之高涨，罢工之狂澜，亦需发动内外举国之战争，以期平靖。——摘自20世纪30年代日本的一秘密文件

模块二：血与泪的交织——战争的经过

材料1：从局部抗战到全面抗战（1931—1937年）

此处涉及事件较多，如1931年的九一八事变，1932年的一·二八事变、日本在中国东北建立伪满洲国，1935年日本侵略者制造华北事变威逼平津，1937年七七事变全面抗日战争爆发等。为了给学生更直观的感受，笔者选用动态地图加以呈现。

伴随着日本的不断侵略，中国人民进行了英勇的抵抗。此处内容笔者通过选取抗日志士赵一曼在生命的最后时刻写给儿子的家书加以呈现。家书内容如下：

> 宁儿：母亲对于你没有能尽到教育的责任，实在是遗憾的事情。母亲因为坚决地做了反满抗日的斗争，今天已经到了牺牲的前夕了。……我最亲爱的孩子啊！母亲不能用千言万语来教育你，就用实行来教育你。在你长大成人之后，希望你不要忘记你的母亲是为国而牺牲的！
>
> 你的母亲　赵一曼于车中
>
> 1936年8月2日

笔者请语文课代表有感情地朗读此封家书，通过家书，让学生们感受一位普通母亲在生命的最后一刻，对不能亲眼看着儿子长大、亲自教育儿子成才的遗憾之情，以及用自身为国捐躯的行为对儿子进行"身教"的家国情怀。

材料2：全面抗战（1937—1945年）

血与泪的交织

通过图片史料呈现南京大屠杀的惨状以及日军细菌战、毒气战等侵华罪行。当学生看到这些暴行的图片时，悲伤、愤怒等情绪已经被点燃。笔者顺势给出《纽约时报》的报道，以文字史料的形式让学生认识到侵略必将被反抗，民族危亡之际必将奋力报国，进一步增强爱国主义意识。

> "掳掠南京城，蹂躏民众，日军在中国人心里深深地埋下仇和恨，这种仇恨日积月累便会形成东京要尽力从中国根除的抗日意志。"
>
> ——《纽约时报》
>
> 1937年12月18日

通过设立南京大屠杀死难者国家公祭日，让学生们明白历史不会被忘记，铭记历史，不忘过去，不惧将来，进一步弘扬家国情怀。

全民族的抗战

通过给出统一战线建立过程图，让学生以填空的方式，回顾初中内容，做好初高中对接。

为了便于学生理解国共合作共同抗日，笔者继续选取家书作为史料向学生展示。其中，有国民党将领戴安澜写给友人的家书。

子模、志川、尔奎三位同鉴：

余此次远征缅甸，因主力距离过远，敌人行动又快，余决以一死，以报国家！我们或为姻戚，或为同僚，相处多年，肝胆相照……余如战死之后，妻子精神生活，已极痛苦，物质生活，更断来源，望兄等为我善筹善后……手此即颂。

勋安！

安澜手启

3月23日

有共产党将领左权写给叔父的家书。

叔父！我虽一时不能回家，我牺牲了我的一切幸福，为我的事业来奋斗，请相信这一道路是光明的、伟大的，愿以我的成功的事业，报你与我母亲对我的恩爱，报我林哥对我的培养……

卢沟桥事件后，迄今已两个多月了。日本已动员全国力量来灭亡中国。中国政府为自卫应战亦摆开了阵势，全面的战争已经打响了。……红军已改名为国民革命军，并改编为第八路……我们将以游击运动战的姿势，出动于敌人之前后左右各个方面，配合友军粉碎日敌的进攻……中国的财政经济日益穷困，生产日益低落，在持久的战争中必须能够吃苦，没有坚持的持久艰苦斗争的精神，抗日胜利是无保障。

福安！

侄字林

9月18日晚

随着家书的朗读，笔者给出戴安澜和左权两位将领的简要生平，让学生分组讨论，谈两封家书带给自己的感受以及其中反映出的抗战史实。

模块三：光荣与历史的功绩——战争胜利的历史意义

通过猜灯谜的方式得出抗战胜利的原因。（谜面：抗战胜利的原因。打一中国古代历史人物。谜底：蒋干、苏武、共工、屈原。引导学生分析讨论每一

个谜底所代表的原因及在抗日战争中所做的努力）

通过给出罗斯福等人对中国抗战在世界反法西斯战争中的地位的评价，以及近代中国签订的历次不平等条约等史料，引导学生思考抗日战争胜利的历史意义。

设计意图：本部分是本课的重点部分，通过图片、家书、报纸记载等多种形式的史料，帮助学生了解侵华日军罪行，吸取历史教训，防止悲剧重演。通过家书的朗读，弘扬民族精神和爱国主义精神，形成对国家、民族的历史使命感和社会责任感。

（三）采访调研，课后延展

鼓励学生以小组为单位找寻身边的抗战老兵，通过采访这些抗战老兵，进一步加深对抗日战争这段历史的认识。

学生以小组为单位思考"是什么使日本侵略者从人变为灭绝人性的恶魔"，各组形成报告，在下节课上交流。

设计意图：本环节旨在加深学生对本课内容的理解。通过亲身采访得来的认识和课堂上学到的知识有机整合。而下次课上进行交流又锻炼了学生们的语言表达能力、文字撰写能力、逻辑思维能力等，有助于培养学生热爱和平、反对战争的情感，引导学生学会以史为鉴，珍惜今天和平安定的幸福生活。

【课后总结】

用史料引领，悟家国情怀，强人文素养

教书育人，教书是手段，育人是目的。历史教学亦是如此。《普通高中历史课程标准》明确提出，通过历史学习，使学生增强历史意识，汲取历史智慧，开阔视野，了解中国和世界的发展大势，增强历史洞察力和历史使命感。培养和提高学生的历史意识与人文素养，培养学生健全的人格，促进学生全面发展。

抗日战争历来是中学历史教学的重点和热点。本节课，笔者突破"唯教材论、唯知识论"的传统，通过引入多元史料，创新教学设计，帮助学生点燃思想的火花，引导学生对历史事件进行深入思考。新型史料"家书"的引入，能从"小故事"中体现"大人物"的情怀，从"小家书"中感悟"大时代"的精神，实现历史人物、历史现象和历史事件间的有机融合，实现中华优秀传统文化和社会主义核心价值观的有机融合。这也是德育和学科教学的有机渗透。

本课在问题设计上符合高一学生的认知水平，既培养了学生分析问题、解决问题的能力，又激发了学生强烈的爱国热情，做到了爱国主义与学科教学的整合。在史料解读中，师生互动、生生互动，增强了学生的合作意识和热爱祖国、热爱和平的情感，有助于学生感悟家国情怀和提升人文素养，较好地体现了历史学科教学中进行德育渗透的设计理念。

（深圳市福田区梅林中学　苏科研）

鹏城山竹风吹雨——台风之殇

【推荐理由】

地理科学是研究人类生存的地理环境以及人类与地理环境之间的关系的一门自然科学。地理问题必须与生活实际相联系，以学生的终身成长为目标。知识原理来源于生活，同样服务于生活。地理知识不是孤立的理论性内容，它需要我们借助基本的审美能力、价值判断、阅读分析、空间思维和创新能力去解决实际应用问题。自然灾害作为区域可持续发展中面临的重大问题，在高中地理必修课程中出现，足见这部分内容的重要性。因此，对于高中生来说，不仅要学会分析各类灾害的成因，树立避灾和防灾减灾意识，了解可以采取的防灾减灾措施，更要建立人地协调的观念，通过人类的活动，降低灾害的危害。本节课是高一地理必修1第二章第三节的内容。

【适用年级】

高一年级第一学期。

【课堂背景】

知识基础：课本中"台风和梅雨"的内容是我国东南沿海地区常见的天气现象，与深圳地区学生的实际生活有着紧密联系，对我国社会经济的发展和人民的生活有着重要影响。其中，台风是气压带、风带和季风等知识的延伸，认识台风、了解台风，能引导学生在生活中学习地理，学以致用。

认知能力：本节课需要借助地理图表信息，采用分析、综合、比较、归纳等方法，提高地理教学的有效性。而高一学生的区域认知及读图能力都较为欠缺，对台风的形成和危害停留在表面认识上，对人类活动导致灾害加剧或发生的具体机制不了解，缺乏对生活中实例的关注，缺乏对人与自然关系的系统理解和思考。由于本节课的学习对学生有一定难度，因此在课堂实录中创设问题情境，通过读图分析法、数据统计分析法、启发法教学等方式，逐步引导，循序渐进。

学习心理：高一学生需要成功体验与表现机会，激励学生积极思考，自主学习环节就可以满足学生的发展需求。并且，深圳地处沿海地区，让学生认识台风、了解台风，学习身边的地理知识，可以培养学生关注生活、关注身边的天气现象的兴趣，养成学以致用的习惯。

【课堂目标】

1. 知识目标：了解有关台风的形成、危害以及监测预防的有关知识，培养学生分析、总结和联系实际解决问题的能力；提高学生的防台风意识，明确防台风自救的重要性；引导学生利用各种方法查阅、收集防台风安全资料，培养学生收集和处理信息能力、获取新知识能力、交流与合作能力，培养学生积极主动的参与意识及认真负责的科学态度。

2. 能力目标：通过"台风"课例的分析，探讨地理专题教学设计如何让学生在课堂上有更多的体验、冲突，更好地提升学生的情感态度与价值观。

3. 德育目标：借助台风进行人地关系的探讨，帮助学生在认识台风的同时，思考人地相互关系，搭建起解决其他自然灾害的思路框架并设计解决方案，能解决现实中的其他同类问题。

【重点难点】

重点：台风的危害和预防。

难点：台风的形成过程。

【教学方法】

教法：讲授法、讨论法、启发式教学法。

学法：自主探究法、合作学习法。

【德育渗透知识载体】

通过教师对高一地理必修1"台风"一课的设计，学生根据问题，对家乡的台风及收集的其他自然灾害的情况和问题进行研究，并对家乡灾害的治理提出解决对策。

【课前准备】

提前对学生进行分组，引导学生充分利用图书馆资源、网络查阅资料、社会调研、项目研究等多种途径了解台风等自然灾害的形成和危害，同时思考"人类能否干预台风，人类活动对台风有没有产生影响，人类该不该敬畏大自然"，并提出解决问题的方法。

【设计思路】

1. 创设问题情境并提出地理问题。通过展示台风"山竹"到来之前深圳的美丽景观和"山竹"过境后的深圳城市面貌以及"山竹"对其他地区的影响，创设真实情境，激发学生学习兴趣，激活学生的思维，提高学生的区域认知能力。

2. 引导学生分析台风的形成及危害，寻找减灾、防灾、自救的对策。

3. 总结评价，拓展延伸。

【课堂实录】

（一）课前热身

课前观看《2018深圳城市形象宣传片——总有一幕让你感动》。

导入新课：

引言：我们美丽的家园会受到一些自然灾害的破坏——台风殇之痛。

让学生讲解自己感受到的台风"山竹"对深圳带来的巨大伤害。（利用新闻报道及图片）

（二）创设问题情境

广东省气象服务中心16日下午发布消息称，今年第22号台风"山竹"（强台风级）已于16日17时在广东台山海宴镇登陆，登陆时中心附近最大风力14级（45米/秒，相当于162公里/小时），中心最低气压955百帕。（《北青报》记者付垚）。

深圳市气象台表示，强台风"山竹"是继1983年"爱伦"台风之后，对深圳影响最强的台风。深圳出现大暴雨，全市平均降雨量103.1毫米，最大降雨量189毫米（大鹏官湖）。

观看《山竹台风》视频并小组合作思考以下问题：

1. "山竹"台风给深圳带来了哪些危害？

2. 登陆点台山（通过视频了解台山的地理位置）与深圳受到的危害一样

吗？台风受灾程度受哪些因素影响？思考台风是什么类型的自然灾害？

通过上面的教学，可以让学生欣赏身边的美，激发热爱生活、热爱环境、热爱家乡的情感，从而激发学生学习兴趣，激活学生的思维，提高学生的区域认知能力。

（三）发现并提出有关台风的地理问题——殇之由

对于上面的情境，让学生分组讨论台风可能带来的一系列问题，如，为什么东南沿海易产生台风灾害？造成这种灾害的原因是什么？是不是台风只会带来灾害？人类活动对台风有没有影响？我们应该如何防御和自救？等等。引导学生从地理的视角将地理情境问题化，将现实的情境转化为以下地理问题。

活动1：利用台风"山竹"的移动路径图，让学生描述台风的移动路径，说一说台风在移动中的变化情况。

活动2：根据自己的生活体验讨论并描述台风过境前后的天气变化，并试着在学案中标出台风结构，小组合作完成台风的形成过程。

活动3：在学案中画出台风"山竹"登陆之前深圳的风向。

通过描述台风路径让学生加深对台风的认识和了解，同时培养学生的表达能力；通过根据自己的体验描述台风过境前后的天气变化，增强学生切身体验。让学生学习生活化的地理，使学生关注生活中、身边的地理事物，既激发了学生学习地理的兴趣，又让学生体验到地理知识的实用性。

（四）寻找台风灾害的防灾、减灾措施——殇之御

学生通过查阅资料、社会调查、项目研究（气象灾害的类型、分布及成因）寻找台风灾害的防灾、减灾措施。通过分析台风多发地位置，学生合作探究分析台风发生的原因及其带来的危害，进而提出解决的措施。

材料1：台风"山竹"造成的损失

截至2018年9月18日17时，台风"山竹"已造成广东、广西、海南、湖南、贵州五省（区）近300万人受灾，5人死亡，1人失踪，160.1万人紧急避险转移和安置。据应急管理部有关负责人介绍，台风"山竹"还造成五省（区）的1200余间房屋倒塌，800余间严重损坏，近3500间一般损坏；农作物受灾面积174.4千公顷，其中绝收3.3千公顷，直接经济损失52亿元。（在课堂中穿插台风"山竹"登陆前后人们采取的措施的图片和视频）

材料2："十二五"期间因台风灾害死亡人员的死亡原因统计

根据以上材料，小组合作探讨应从哪些方面防御台风。（建议：从政府、个人等角度思考，讨论3分钟；发言需简明扼要）

真实的社会情境让学生真切地感受到了台风的危害，通过社会调查深入了解了台风的危害性。通过综上分析可得，台风致灾因子的频次和强度等是决定台风灾害损失程度的重要条件。但社会经济发展水平和防灾救灾能力也是台风灾害损失的重要影响因素。因此，减少台风致灾因子的频次和强度及增强社会经济发展水平和防灾救灾能力都可以降低台风灾害带来的损失。

（五）总结评价，拓展延伸——搭建问题思维架构

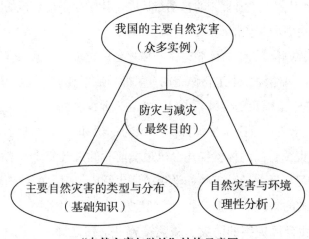

"自然灾害与防治"结构示意图

引导学生运用所学的地理知识，总结出解决该类问题的思路，将搭建的问题线索推广、迁移到新的问题情境中，如"暴雨洪涝""滑坡、泥石流""地面塌陷"等，让学生形成思维网络，加深学生对"自然—社会—经济—文化"的相互作用与协调关系的认识，最终聚焦到培养学生人地协调观、地理实践力、综合思维和区域认知核心素养的达成。

【课后实践】

小课题研究：调查深圳当地在暴雨洪涝灾害防御中的具体措施。

地理实践调查表

地点	行为	影响	对策

（深圳市福田区红岭中学　金青）